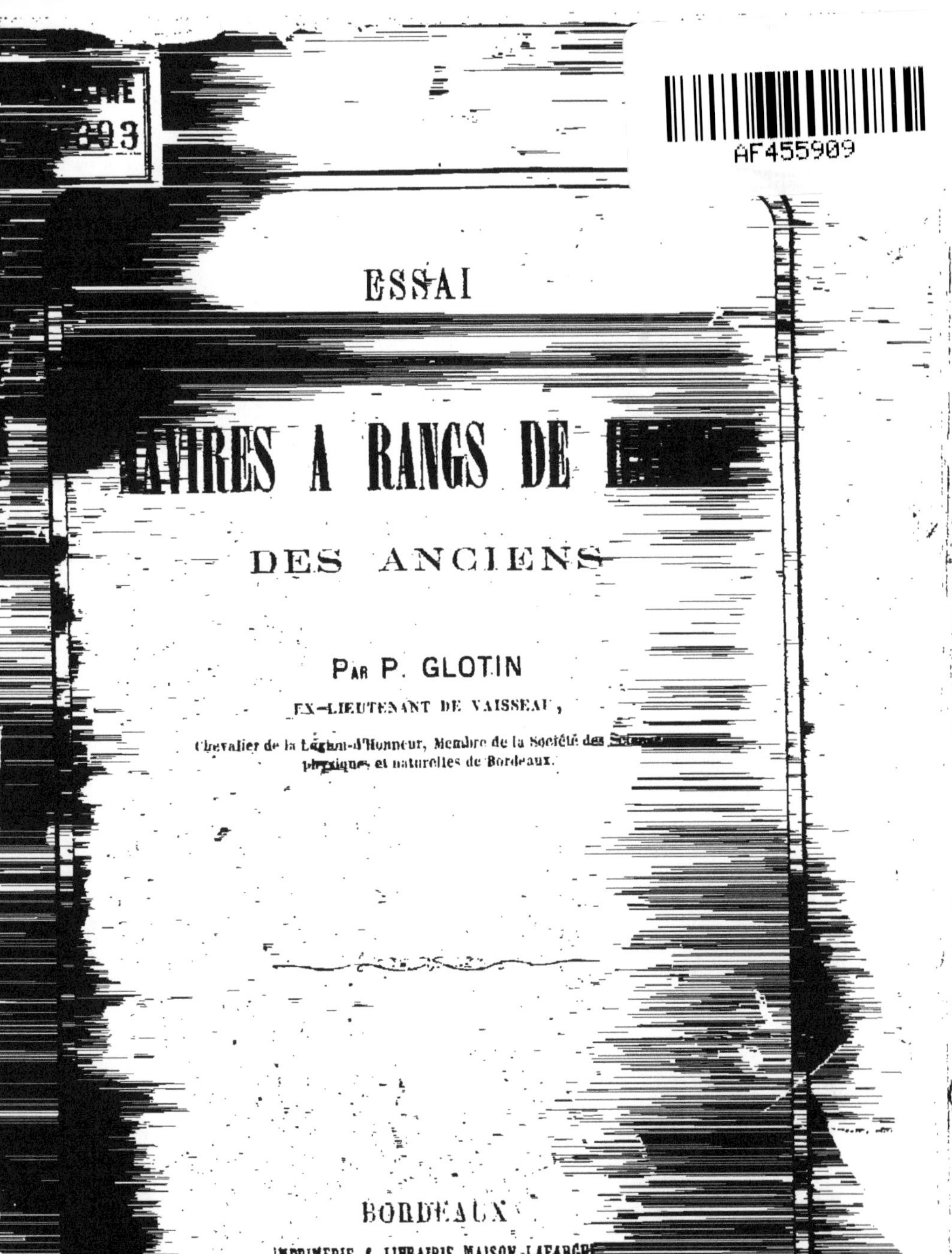

ESSAI

[illegible]AVIRES A RANGS DE [illegible]

DES ANCIENS

PAR P. GLOTIN

EX-LIEUTENANT DE VAISSEAU,

Chevalier de la Légion-d'Honneur, Membre de la Société des [illegible] physiques et naturelles de Bordeaux.

BORDEAUX

IMPRIMERIE & LIBRAIRIE MAISON-LAFARGUE

L. CODERC, F. DEGRÉTEAU & J. POUJOL, SU[illegible]

Rue du Pas Saint-Georges, 28.

1862

ESSAI

SUR LES

NAVIRES A RANGS DE RAMES

DES ANCIENS

Bordeaux. — Imp. de F. Degréteau et Cie.

ESSAI

SUR LES

NAVIRES A RANGS DE RAMES

DES ANCIENS

PAR P. GLOTIN

EX-LIEUTENANT DE VAISSEAU,

Chevalier de la Légion-d'Honneur, Membre de la Société des Sciences physiques et naturelles de Bordeaux.

BORDEAUX

IMPRIMERIE & LIBRAIRIE MAISON LAFARGUE

L. CODERC, F. DEGRÉTEAU & J. POUJOL, SUCCESSEURS

Rue du Pas Saint-Georges, 28.

1862

ESSAI

SUR LES

NAVIRES A RANGS DE RAMES

DES ANCIENS

INTRODUCTION

La question qui fait l'objet de ce travail a singulièrement préoccupé les érudits des siècles qui ont précédé le nôtre. Nombreuses sont les dissertations auxquelles elle a donné naissance, et les solutions présentées pour expliquer la multiplicité des rangs de rames sont des plus diverses. Des hommes d'un savoir incontestable et d'un esprit ingénieux ont abordé ce problème, avec toute l'ardeur que devait naturellement exciter l'importance historique d'une solution satisfaisante.

Tant d'efforts n'ont abouti qu'au découragement, à un aveu d'impuissance, et les meilleurs esprits sont portés maintenant à regarder comme fabuleux, ou au moins singulièrement exagéré, ce que les auteurs anciens rapportent de ces navires prodigieux sur lesquels on avait étagé jusqu'à quarante rangs de rames.

Ce qui ressort évidemment de l'insuccès de tant d'hommes d'une érudition profonde, c'est le peu de précision des renseignements donnés par la littérature ancienne, et l'impossibilité de reconstituer, avec leur seule aide, la marine de ces temps éloignés. La raison en est simple : les nations civilisées de l'antiquité ont, surtout, habité les bords de la mer; les navires, généralement d'un faible tirant d'eau, pouvaient entrer dans tous les ports, remonter presque tous les fleuves. Bien peu de personnes étaient alors complètement étrangères à la marine, et les dispositions principales des rangs de rames étaient connues de tous. Il était par suite inutile, pour les auteurs de ce temps, d'entrer, à cet égard, dans aucun détail circonstancié, et nous sommes réduits à interpréter les allusions et les faits épars dans un grand nombre d'ouvrages grecs et latins.

M'engager dans la voie où d'autres plus habiles ont échoué, eût été téméraire. J'ai dû rechercher une solution directe. Il était nécessaire de bien établir, au préalable, les données du problême, et, dans ce but, j'ai lu avec attention les ouvrages que j'ai pu me procurer sur cette matière, recueillant, chemin faisant, les faits qui pouvaient m'être de quelque utilité.

Il m'a paru que ces données sont les suivantes :

Sur les navires anciens, les rames, plus larges de pelle que les nôtres, leur ressemblaient à cela près, et étaient employées d'une manière analogue.

Elles étaient disposées sur plusieurs rangs, chacun de ces rangs placé à une hauteur différente, et régnant de l'avant à l'arrière du navire.

Le nombre de ces rangs était égal au nombre qui servait à former le nom de l'ordre du navire.

Chaque rame était maniée, autant que possible, par un seul homme; mais sur les navires d'un ordre supérieur, les rames des rangs les plus élevés pouvaient avoir deux ou un plus grand nombre de rameurs.

L'accord est loin d'être unanime sur ces différents points. Toutefois, ce n'est guère que dans le but évident de faire accepter leurs solutions particulières, que quelques auteurs se sont refusés à les admettre. En dehors de ces négations intéressées, l'on ne rencontre plus que des doutes suscités par l'impossibilité prétendue d'arriver à une solution satisfaisante. J'ai l'espoir que ce travail sera de nature à faire disparaître toute incertitude à cet égard, et que rien ne s'opposera plus à ce que l'on puisse accepter, dans leur sens naturel et en connaissance de cause, les textes les plus embarrassants.

Avant d'entrer en matière, je dois signaler une difficulté inhérente au sujet, et qui nécessite une convention de langage. Les rameurs ont, le plus souvent, la face tournée vers l'arrière du navire. Les mots *derrière, devant, en arrière, en avant,* auraient donc des significations opposées suivant qu'ils se rapporteraient au navire ou aux rameurs.

Pour faire disparaître cette cause de confusion, tout en évitant de trop nombreuses périphrases, j'emploierai toujours les mots, *devant, derrière*, par rapport aux rameurs, et les mots, *en avant, en arrière, à l'avant, à l'arrière,* relativement au navire. D'après cette convention, un point situé à l'avant d'un rameur, sera en réalité derrière lui.

CHAPITRE PREMIER

DES NAVIRES NOMMÉS DIÈRE, TRIÈRE ET PENTÈRE [1]

Ces navires furent probablement conçus en dehors du système général, qui permit plus tard d'élever, presque indéfiniment, l'ordre des navires.

La Trière, en effet, resta pendant plusieurs siècles le *nec plus ultrà* de la construction navale. Il en est question, pour la première fois, vers l'an 696 avant Jésus-Christ, sans que l'on soit bien certain qu'il n'en ait pas existé antérieurement, et c'est seulement en 398 avant Jésus-Christ que Denys de Syracuse fit construire la première Pentère. Après ce progrès suit un temps d'arrêt de quelques années; mais dès que l'on eût construit des Hexères [2], on voit le nombre des rangs de rames aller rapidement en augmentant. On doit évidemment en conclure, que ce n'est qu'alors que l'on trouva définitivement le principe de ce genre de constructions, et que bien que ce principe dût exister en germe dans la Pentère, il n'y était pas assez apparent pour prendre un développement immédiat.

Si les Trières sont très-anciennes, elles paraissent avoir été longtemps fort peu employées. Ce n'est qu'un peu avant la grande invasion de Xerxès que les Grecs en construisirent un grand nombre. Jusqu'à cette époque, l'élément principal des flottes était le *pentécontore*, longue péniche, armant de chaque bord vingt-cinq avirons disposés sur un seul rang; en tout cinquante rames. Il y avait des navires de moindre longueur et d'un moindre nombre de rames, ayant d'ailleurs la même disposition, fort semblable à celle de nos embarcations modernes. De plus que celles-ci, ces navires avaient, en dehors

[1] Navires à deux, trois et cinq rangs de rames.

[2] Navires à six rangs de rames.

du bord, et au-dessus des avirons, une muraille légère, analogue à la *pavesade* des galères du moyen-âge, et destinée comme elle à défendre les rameurs.

Très-probablement, dans une circonstance pressante, comme une chasse ou une fuite, les matelots et les soldats, pour venir en aide aux rameurs, disposaient par dessus cette pavesade des avirons supplémentaires. Ce qui n'était d'abord qu'un expédient, pût, à la suite d'améliorations successives, donner naissance à la Dière, avec sa double rangée permanente de rameurs.

Les deux rangs de la Dière devaient être disposés comme on peut le voir pour les deux rangs inférieurs de la Trière, représentée dans la figure 1, en projection transversale; la figure 2 complète cette représentation.

Le rang le plus bas, celui des *thalamites,* placé très-près de la muraille, avait ses avirons passés dans des trous percés à travers le bordage du navire, à peu de distance au-dessus de l'eau. Les *zygites*, formant le second rang, étaient placés en dedans et vis-à-vis l'intervalle entre les thalamites, leurs bancs plus élevés de 60c environ. La rame d'un zygite passait derrière la tête d'un thalamite, à la distance convenable pour ne pouvoir l'atteindre pendant la nage. Il suffisait pour cela de placer le point d'appui de cette rame, sur la muraille, à 20 ou 22c de la verticale de l'axe du banc du thalamite. La tête du thalamite répondait à-peu-près au milieu du manche de l'aviron du zygite, point qui parcourait pendant la nage un chemin moitié moindre que la poignée; par suite, la tête du thalamite devait se déplacer, dans le mouvement d'ensemble des rameurs, d'une quantité au moins égale, sinon supérieure, au chemin parcouru par la partie de l'aviron du zygite qui la menaçait. Le point d'appui d'un aviron étant placé à-peu-près à 38c de l'axe du banc de son rameur, les bancs des zygites devaient être à une distance horizontale d'environ 60c, d'axe en axe, des bancs des thalamites, derrière la tête desquels passaient leurs avirons.

Dans les embarcations actuelles, on compte une distance

de 80^c d'axe en axe entre les bancs, et très-probablement, sur les pentécontores, la distance entre les rameurs n'était pas beaucoup plus considérable. En maintenant, sur la Dière, cette distance entre les hommes dans chaque rang, l'aviron du zygite, qui passe entre deux thalamites, étant à 22^c derrière l'un, sera à 58^c devant l'autre, et ne pourra, par conséquent, gêner ce dernier, dont l'aviron est beaucoup plus bas. Je pense, toutefois, que la distance entre les hommes du même rang était plus grande, et que sur la Trière elle a atteint 1^m 20^c. Le rameur du second rang s'est trouvé dès-lors vis-à-vis le milieu de l'espace entre les deux rameurs de l'autre rang, et la disposition des avirons est devenue ainsi parfaitement régulière.

Pour passer de la Dière à la Trière, il faut rechercher la disposition du troisième rang, celui des *thranites*. Quelques textes cités par divers auteurs, entre autres un passage assez ordurier des *Grenouilles d'Aristophane* (acte IV, scène 2), ne permettent pas de douter que ce troisième rang ne fût placé directement au-dessus de celui des thalamites; par suite, entre le rang des zygites et la muraille. Ses bancs étaient à une certaine hauteur, directement au-dessus de la tête des thalamites, et cette tête pouvait passer, au besoin, dans le mouvement de la nage, entre les pieds écartés du thranite qui reposaient sur deux supports fixés, l'un à la muraille, l'autre à un montant vertical dont il sera parlé plus loin. Les thranites ne pouvaient trouver sur la muraille, trop rapprochée d'eux, un point d'appui convenable pour leurs avirons, et il devint indispensable d'établir une saillie, un porte-nage extérieur, sur lequel vinssent reposer ces avirons. Ce porte-nage pouvait se fixer sur les bancs des thranites, prolongés en dehors du navire et soutenus par des consoles ou des arcs-boutants. Le prolongement des bancs supportait aussi un plancher, sur lequel les combattants pouvaient se tenir entre les avirons, dont le mouvement, borné en cet endroit, leur laissait tout l'espace nécessaire. Au-dessus de ce porte-nage se trouvait une balustrade que l'on revêtait, pendant le combat, de toiles matelassées ou de peaux, et qui remplissait ainsi le même office que la pavesade pour la protection des rameurs et des combattants. Les bancs des thranites s'appuyaient sur le haut de la muraille, et leur extrémité intérieure était maintenue par une pièce de bois longitudinale, supportée elle-même par des montants verticaux placés entre le rang des thalamites et celui des zygites, à toucher les bancs de ces derniers, pour ne pas gêner leurs avirons. Entre les bancs des thranites se trouvaient de faux bancs, ayant la même disposition, et destinés à relier la muraille aux montants verticaux dont il vient d'être question; ces montants étaient eux-mêmes reliés entre eux, d'un bord à l'autre, par les bancs du second rang. De cette manière, les deux bords du navire étaient aussi bien soutenus, que s'il y eût eu des bancs allant directement de l'un à l'autre.

A l'origine, les Trières étaient découvertes. Il y avait seulement, outre la galerie dont j'ai parlé, des plateformes destinées à recevoir les combattants, et placées à l'avant et à l'arrière de l'espace occupé par les rameurs. Ce ne fut que vers la fin des guerres Médiques, que l'on établit un pont sur toute la longueur du navire. A cet effet, les montants verticaux, destinés à soutenir les bancs des thranites, furent convenablement renforcés et élevés jusqu'au-dessus de la tête des zygites. Ils supportèrent le pont, dont le plancher reposait sur des poutrelles transversales reliant leurs têtes d'un bord à l'autre. Ce plancher se trouvait ainsi au-dessus de la tête des zygites, tandis que les thranites le dépassaient des épaules et de la tête. Les poutrelles du pont reliant entre eux les montants verticaux, il devint inutile de prolonger d'un bord à l'autre les bancs des zygites, dont l'extrémité intérieure fut soutenue par des montants beaucoup plus faibles que ceux destinés à supporter le pont. On obtint ainsi dans l'intérieur du navire un espace couvert, suffisamment large et élevé, qui dut faciliter beaucoup les transports de troupes, de chevaux, etc., etc. Le pont était plus élevé que la galerie et n'était pas défendu par sa balustrade; mais cela était à-peu-près inutile, les combattants étant armés de toutes pièces. Que la disposition des Trières pontées fût telle, ou du moins peu différente de ce qui vient d'être décrit, le pont restant incomplet et les thranites le dépassant, c'est ce qui résulte de plusieurs circonstances d'incendie ou d'abordage citées par les historiens, dans lesquelles les thranites s'aperçurent à temps du danger et purent se sauver avant que les thalamites fussent avertis. Ces faits, très-concevables avec la disposition précédente, seraient tout-à-fait incompréhensibles, si le pont eût recouvert tous les rameurs.

Les Trières étaient construites aussi légères que possible et tout entières en bois blanc. Si, de plus, l'on remarque, sur la figure 1, que le plat bord n'était élevé que de 1m 30c au-dessus de l'eau, et le pont, de 2m seulement, on comprendra bien des circonstances rapportées par les anciens et difficiles à concevoir avec une disposition plus massive.

Ainsi, pendant la guerre du Péloponèse, une escadre lacédémonienne, poursuivie par les Athéniens en nombre supérieur, s'échoua, et les hommes se réfugièrent à terre. Mais voyant l'ennemi s'emparer de leurs navires, ils se ravisèrent, et, entrant dans l'eau, réussirent à les reprendre. Ce combat n'est possible qu'autant que le tirant d'eau des Trières ne dépassait pas un mètre; je pense qu'il était même inférieur, ces navires étant à fond plat et sans quille, comme le témoigne l'habitude où l'on était de les tirer à terre pendant l'hiver ou les mauvais temps. Il devait cependant y avoir, de chaque bord, une quille ou semelle d'échouage, pour préserver du frottement les bordages du fond.

Si l'on admet pour la Trière un mètre de tirant d'eau, sa largeur étant à-peu-près de 5m, la section du maître-couple sera d'environ 4m q. 40c. La longueur de 40m du navire permettait d'en faire occuper une trentaine par les rameurs, qui étaient alors, pour une distance de 1m 20c entre les hommes d'un même rang, au nombre de vingt-cinq de chaque bord par rang, en tout cent cinquante. C'est trente-trois hommes par mètre carré de la maîtresse-section. On compte que l'effort que peut développer un homme, d'une manière continue, à la vitesse de un mètre par seconde, est de 7 kilos, 2; de sorte que dix hommes équivalent à-peu-près à un cheval-vapeur de 75 kilogrammètres. En ce qui concerne les avirons, on peut accepter ce chiffre; car, si leur action est intermittente, et s'il faut dépenser de la force pour vaincre leur inertie, d'autre part, la manière dont s'y exerce la force de l'homme est éminemment favorable au développement de toute son énergie. D'après cela, l'effort des rameurs de la Trière était d'un peu plus de trois chevaux-vapeur par mètre carré de la section transversale; et on conçoit, dès-lors, la grande vitesse que l'on pût obtenir de ces navires, vitesse qui, d'après quelques circonstances bien connues, pouvait atteindre deux lieues marines [1] à l'heure.

On comprend que pour pouvoir entretenir cette grande vitesse, la disposition de l'aviron n'était pas indifférente.

Le chemin que décrivait l'extrémité de la pelle, par rapport au navire, ne pouvait guère être moindre de 4^{m} à chaque coup d'aviron, ce qui peut s'obtenir facilement, les hommes restant assis, en faisant le manche ou la partie intérieure de l'aviron, le cinquième seulement de la longueur totale. Pour une plus grande proportion du manche, les hommes ne tarderaient pas à être obligés de se lever pour porter suffisamment en arrière la poignée de l'aviron; ainsi que cela avait lieu sur les galères modernes, où l'aviron n'avait que trois fois et demie, au plus, la longueur du manche.

Un aviron mû par un seul homme ne peut guère dépasser 7^{m} 50^{c} de longueur, encore faut-il qu'il soit bien fait [2]. J'ai donné aux avirons des thranites, 7^{m} de longueur; à ceux des

[1] Onze kilomètres.

[2] Les avirons actuellement employés sur les chaloupes des vaisseaux à trois ponts ont 7^{m} 25^{c} de longueur, mais on en a employé de plus longs, ayant jusqu'à 8^{m} pour un seul rameur. Le manche est le quart de la longueur totale de l'aviron. Sur les embarcations destinées à avoir de la vitesse, comme les yoles et les baleinières, ce rapport descend jusqu'au cinquième.

zygites, 6^{m} 50^{c}, et à ceux des thalamites, 3^{m} 85^{c}, seulement. Ces derniers eussent été très-incommodes à manier, si l'on eût conservé le rapport du cinquième pour le manche, parce que la pelle n'aurait plus décrit assez de chemin et que les rameurs eussent été forcés d'accélérer la nage. J'ai diminué ce manche jusqu'au sixième de la longueur totale.

Les couples, qui formaient la membrure des anciens navires, étant assez écartés pour plus de légèreté, les avirons passaient entre eux et ne traversaient que le bordage, par un trou dont le bord devait être renforcé d'une garniture. On remarquera que ce trou, pour les avirons des thalamites, n'est qu'à 55^{c} au-dessus de l'eau, ce qui s'accorde avec une assertion d'Arrien sur leur peu d'élévation. On pourrait craindre que des trous percés aussi bas, et en aussi grand nombre, ne fussent dangereux pour le navire; et de plus, que les avirons qui s'y appuyaient ne fussent souvent gênés par la mer. Je ne crois pas ces inconvénients bien sérieux. Ce n'était que pour le combat, ou dans d'autres circonstances extraordinaires, que l'on faisait agir tous les avirons. En route libre, on ne devait se servir que d'une partie, probablement des deux rangs supérieurs, ou même d'un seul. Sans cela, les rameurs n'auraient pas pu soutenir la fatigue d'une longue traversée. L'analogue avait lieu sur les galères modernes, où un tiers seulement des avirons travaillait à la fois pendant le voyage, quelquefois les deux tiers lorsqu'on était pressé. Je pense donc que le rang des thalamites était, le plus souvent, désarmé, et ses sabords de nage fermés. Les thalamites remplaçaient, aux avirons supérieurs, les hommes fatigués. Les anciens, d'ailleurs, ne naviguaient que dans la belle saison, et restant toujours à proximité du rivage, ils se réfugiaient, lorsque le temps devenait menaçant, dans un des innombrables ports de la côte de Grèce. Que les anciens ne tinssent pas volontiers contre le mauvais temps, on n'en saurait douter, lorsque l'on voit, à plusieurs reprises, des flottes surprises par une tempête, être presque entièrement détruites. Enfin, si les circonstances forçaient à se servir des avirons inférieurs avec un peu de mer, on pouvait éviter que l'eau entrât dans le navire par un moyen bien simple, qui consiste à munir l'aviron de ce que l'on nomme en marine une *braie,* sorte de tuyau court, en toile ou en cuir souple, dans lequel passait l'aviron. Une des extrémités de cette braie était fixée autour de l'aviron, l'autre clouée sur le pourtour du sabord de nage; de la sorte, le jeu de l'aviron était libre, sans qu'une goutte d'eau put pénétrer. Ce qui vient d'être dit s'applique de tous points aux navires d'un rang plus élevé que la Trière. Les sabords de nage des thalamites y étaient un peu plus éloignés de l'eau, mais encore fort bas relativement aux dimensions du navire. Sur ces grands navires également, et par les raisons données plus haut, je me suis attaché, autant que possible, à ne pas faire le manche de l'aviron plus grand que le cinquième de sa longueur totale. Ce n'est que pour les très-grands avirons, maniés par plus de deux hommes, que j'ai dû m'écarter quelque peu de cette proportion, mais je n'ai nulle part été obligé de porter ce rapport jusqu'au quart.

Les Trières gardèrent la disposition que je viens d'indiquer, jusqu'à la fameuse expédition des Athéniens en Sicile. A cette époque, les Syracusains, conseillés par quelques-uns de leurs alliés, les modifièrent sensiblement. Une de ces modifications consista dans une meilleure disposition de l'éperon qui, sur les galères athéniennes, était faible et élevé au-dessus de l'eau *(Voir la figure 3)*. Les Syracusains le raccourcirent et le placèrent à la hauteur de la flottaison, ce qui en fit une arme redoutable.

Ils paraissent aussi avoir modifié la disposition des rameurs. Je pense qu'ils les placèrent de la manière indiquée pour les trois rangs inférieurs de la Pentère, dont la projection transversale est donnée (figure 4); toutefois, avec une différence de hauteur un peu plus grande entre les rangs. Le rang des thranites se trouva ainsi reporté en dedans de celui des zygites. Cette disposition eut pour effet d'alléger beaucoup la Trière en diminuant sa hauteur; le pont pouvait être plus bas de près de 65c. On dut cependant lui conserver la hauteur de 2m à l'avant et à l'arrière de l'espace occupé par les rameurs, pour que les nouvelles galères n'eussent à l'abordage aucun désavantage sur les anciennes. La largeur du pont était aussi diminuée, mais sans grand inconvénient, cette largeur restant de plus de $1^{m}\ 50^{c}$, ce qui était suffisant pour que les combattants pussent agir. La galerie, ménagée le long du bord pour les soldats, était un peu au-dessus des avirons des thranites, et supportée en dehors du plat-bord par des consoles. La seule objection à cette nouvelle disposition des Trières, c'est que l'espace entre les rameurs, au milieu du navire, était beaucoup moins large; mais ceci n'avait d'inconvénient que dans le cas où ces navires étaient employés à porter des troupes, et surtout de la cavalerie.

Cette disposition nouvelle eut pour résultat de mener assez rapidement à la découverte de la Tessère [1] et de la Pentère. En effet, il était naturel de chercher à rétablir le rang supérieur; quelques auteurs disent extérieur, expression facile à comprendre si l'on observe que, sur la Trière athénienne, le point d'appui de l'aviron des thranites est fort en dehors de la muraille. Non-seulement on rétablit ce rang, mais on en plaça un second en dedans et plus élevé que lui; ce qui porta le nombre des rangs à cinq. Ici, toutefois, on dut rencontrer une difficulté. Pour que le troisième rang, le plus en dedans des rangs inférieurs, ne fût pas trop écarté de la muraille, il était difficile d'établir entre ces rangs inférieurs des montants verticaux. Ces montants, surtout ceux placés entre les deux rangs les plus bas, eussent aussi beaucoup gêné le jeu des avirons. Voici, je pense, comment on put résoudre la difficulté : De forts montants verticaux, destinés à supporter le pont, furent établis en dedans de tous les rangs inférieurs. De la tête de ces montants, des madriers descendirent obliquement vers la muraille, en passant par-dessus la tête des rameurs des trois premiers rangs. C'est sur ces madriers que furent établis les bancs des deux rangs supérieurs. Le madrier por-

[1] Navire à quatre rangs.

tant le rang le plus rapproché de la muraille, passait droit au-dessus de la tête de l'homme du second rang inférieur; le madrier portant l'autre rang, le rang le plus élevé, passait au-dessus de la tête des deux hommes du premier et du troisième rang inférieur. La distance d'axe en axe des madriers et des montants verticaux était de 70c, car on avait été obligé d'espacer un peu plus les hommes dans les rangs, pour pouvoir diminuer la différence de hauteur entre ceux-ci. Les pieds des rameurs des deux rangs supérieurs s'appuyaient sur des marchepieds fixés aux madriers inclinés immédiatement devant eux. Les figures 4 et 5 feront comprendre toutes ces dispositions.

Les madriers obliques dont je viens de parler avaient, outre leur fonction de porter les bancs des rangs supérieurs, celle de soutenir la muraille en la reliant aux montants verticaux, reliés eux-mêmes entre eux, d'un bord à l'autre, par les poutres du pont. Ce pont se trouvait à 2m 35c au-dessus de l'eau. Le point d'appui des avirons des rangs supérieurs se trouvait placé sur une charpente extérieure au navire, charpente qui supportait aussi la galerie destinée aux combattants. Cette galerie n'aurait pu être ici au-dessous des avirons du rang le plus élevé, sans gêner ceux du rang immédiatement inférieur. On fut obligé de la placer au-dessus et presque toute entière en dehors de leurs points d'appui. A cet effet, les arcs-boutants destinés à soutenir, avec les bancs prolongés du quatrième rang, le porte-nage des avirons de ce rang, se continuaient en se redressant un peu en dehors de ce porte-nage, pour venir supporter le bord extérieur de la galerie, dont le bord intérieur reposait sur les montants verticaux destinés à soutenir le porte-nage du cinquième rang. Cette galerie dut être réduite à la largeur indispensable, 60c. Elle se trouvait placée à la même hauteur que le pont, de sorte que sa balustrade garnie de toiles matelassées défendait celui-ci.

L'aviron du rang le plus élevé avait 7m 50c de longueur, le maximum de ce que l'on peut convenablement faire manier par un seul homme; les autres avirons allaient en diminuant de longueur jusqu'à celui des thalamites qui n'avait que 4ᵐ. Le sabord de nage des thalamites était à 68ᶜ au-dessus de la flottaison. La différence de hauteur entre les rangs inférieurs était de 40ᶜ; le quatrième rang était à 60ᶜ plus haut que le troisième, et le cinquième encore plus élevé de 50ᶜ. En général, la différence de hauteur entre les rangs supérieurs, pour tous les ordres, était plus grande que celle entre les rangs inférieurs, à cause de la position plus inclinée, et aussi de la plus grande dimension des avirons.

J'ai dit que l'on devait porter à 1ᵐ 40 la distance entre les hommes d'un même rang. Or, on sait que sur les Quinquérèmes romaines, à l'époque des guerres Puniques, il y avait 300 rameurs, ce qui donne 30 rameurs par rang La longueur occupée par les rameurs était donc de 42ᵐ environ, et en accordant 10ᵐ, à répartir entre l'avant et l'arrière, pour l'espace où l'on ne pouvait plus placer de rameurs, la longueur totale d'une Quinquérème ou Pentère devait être de 52ᵐ, dont le huitième donnera la largeur de 6ᵐ 50. Le tirant d'eau des Pentères grecques devait être d'environ 1ᵐ 30, et celui des Quinquérèmes plus fort, les Romains ayant toujours construit des navires plus solides, mais aussi moins légers que ceux des Grecs, qui possédaient cette dernière qualité au plus haut degré. D'après ces dimensions, les Pentères avaient environ 39 rameurs par mètre carré de la maîtresse-section, ce qui, ainsi que nous l'avons vu, répond à près de 4 chevaux-vapeur, au lieu de 3 $^1/_5$ comme pour les Trières. L'avantage des Pentères pour la marche était donc assez grand; mais à cause de leur plus grande longueur, elles devaient être plus lentes à évoluer.

NOTE

J'ai eu connaissance, depuis peu, d'un fragment antique représentant en partie une Trière athénienne, par la reproduction qu'en a donnée M. Jal, à la suite d'une dissertation sur la flotte de César.

M. Jal a composé son dessin sur une photographie que lui a

communiquée M. Léon Rénier, membre de l'Académie des Inscriptions et Belles-Lettres. Il a pu voir de plus un moulage rapporté d'Athènes par M. François Lenormant, savant antiquaire. Tout ce que M. Jal dit avoir appris de ce dernier, c'est que ce fragment a été retrouvé, en 1852, à l'Acropole d'Athènes, probablement dans les fouilles importantes que j'y ai vues, vers cette époque, en cours d'exécution.

Il n'y a là, comme on voit, qu'une garantie insuffisante d'authenticité, et je n'ai pas cru, par suite, devoir modifier les dispositions que je donne dans le texte Toutefois, comme rien non plus n'établit que ce monument soit apocryphe, que même toutes les probabilités paraissent en sa faveur, j'ai pensé que sa discussion pourrait offrir quelqu'intérêt, et ai cherché à me rendre un compte bien exact des dispositions qu'il représente.

Tel qu'il est donné par M. Jal, il embrasse sept des groupes de trois rames du côté droit du navire. Trois fortes préceintes sont établies à peu de distance au-dessus l'une de l'autre. Leur but devait être, tout en augmentant la liaison du navire, de lui assurer une certaine résistance contre le choc d'une galère ennemie. La plus élevée de ces préceintes est assez saillante ; ce que l'on peut conclure de l'ombre projetée, et aussi de l'existence au-dessous d'elle de pièces de bois vues par le bout, et qui paraissent remplir à son égard l'office de consoles. M. Jal, qui a vu le moulage de ce fragment, affirme cette saillie.

Les rames les plus élevées, celles des thranites, sont portées par un *apostis*, pièce longitudinale établie au-dessus de cette préceinte saillante à l'aide des courts montants verticaux, dont l'entre-deux est rempli par des panneaux. Les thranites, seuls apparents, bien que, d'après la hauteur des rames des zygites, on dût voir aussi les têtes de ces derniers, sont assis sur des bancs à la hauteur de l'apostis. Les rames des zygites paraissent, dans le dessin, sortir de derrière la préceinte saillante. Cette disposition est peu probable. Pour que l'on pût relever ces avirons au moins jusqu'à l'horizontale, ce que leur peu d'élévation, environ un mètre, rendait indispensable avec un peu de mer, le point le plus élevé où l'on pouvait placer leurs sabords de nage est immédiatement au-dessous de cette préceinte. Je suis persuadé que les dégradations ont seules empêché de reconnaître ce détail. Les avirons des thalamites sortent du bord immédiatement au-dessus de la préceinte la plus basse par des sabords très-apparents.

La hauteur du buste des thranites, de leur siége au sommet de la tête, est d'un peu plus de 13 millimètres, ce qui indique pour l'échelle du dessin 14,5 millimètres environ. En adoptant cette proportion, le point d'appui des avirons des thalamites est à 52c au-dessus de l'eau, celui des avirons des zygites à 1m 04c et celui des avirons des thranites à 1m 56c; c'est-à-dire que les rangs sont également espacés en hauteur. La distance des hommes dans chaque rang est 1m 10c seulement.

Les thranites sont seuls représentés dans le dessin, et encore ne peut-on voir immédiatement à quelle distance ils sont placés de la muraille. Mais il est facile, d'après les dispositions que nous venons de constater, de conclure la position réelle des divers rangs.

La différence de hauteur entre les rangs est trop faible pour que l'on puisse admettre que le rang des zygites fût directement au-dessous de celui des thranites; il devait être en dedans ou en dehors. Mais la saillie constatée pour la préceinte supérieure, et par suite, pour le point d'appui des avirons des thranites, rend la seconde hypothèse inadmissible. Si les zygites eussent été placés en dehors des thranites, le manche de leurs avirons aurait dû être plus court, non-seulement de la différence de distance des deux rangs à la muraille, mais encore de la saillie de la préceinte, ce qui eût établi entre ces deux catégories d'avirons une disproportion de nature à rendre presque impossible une nage d'ensemble. Dans l'hypothèse contraire, il suffit d'une saillie de 50 à 60c du point d'appui des avirons des thranites, saillie que l'existence de consoles rend très-probable, pour que les manches des avirons des deux rangs soient de longueur convenable. D'après cela, le rang des thranites devait être assez près de la muraille, et, par suite, au-dessus du rang des thalamites, à une hauteur qui permettait d'établir très-commodément ce dernier. Le rang des zygites se trouvait en dedans, à une hauteur intermédiaire, et vis-à-vis les intervalles des hommes de ces deux rangs; ses avirons avaient leur jeu libre au-dessous des bancs des thranites, derrière la tête des thalamites. C'est, comme on voit, la disposition que j'avais imaginée. Quant aux détails, à ceux apparents du moins, le monument ancien présente, comme on devait s'y attendre, une supériorité marquée; d'abord par l'existence des préceintes, dont j'ai fait connaître le but probable; ensuite parce que la saillie de la muraille se trouve établie dès qu'elle est possible, c'est-à-dire immédiatement au-dessus des sabords de nage du second rang. Il en résulte que, malgré une différence de hauteur plus grande entre les rangs, la partie solide et pesante de la muraille aurait été en réalité un peu moins élevée au-dessus de l'eau que je ne l'ai dit : 1m 30c au lieu de 1m 40c; ce qui est peu de chose, il est vrai, mais confirme ce que j'ai dit de la grande légèreté de ces navires et de leur faible tirant d'eau. La plus grande différence de hauteur entre les rangs devait aussi faciliter l'agencement des rameurs.

Si, à part quelques détails mieux entendus, résultat naturel de la longue expérience des anciens dans ce genre de constructions, la disposition des rameurs, telle qu'elle doit se conclure de l'examen attentif du monument qui nous occupe, s'accorde assez bien avec celle que j'avais supposée, il n'en est plus de même de la manière dont était placé le pont.

Au-dessus de la tête des rameurs, toujours d'après le dessin de M. Jal, on voit une toiture supportée par de légers montants arqués. M. Jal croit que c'est une tente; aussi s'étonne-t-il, avec juste raison, d'y voir un homme assis au-dessus du septième arceau. Il y remarque également une sorte d'enroulement en spirale placé près de cet homme, et pense que c'est une voile roulée autour de son antenne et vue par le bout. Ces deux détails, que M. Jal n'a pas reproduits dans son dessin, me font penser que cette toiture était un véritable pont en planches, très-léger à la vérité, quelque chose comme le plafond d'une diligence, mais suffisant pour porter des combattants. Dans cette hypothèse, le pont n'aurait pas été incomplet, comme je l'ai dit dans le texte, mais se serait étendu sur toute la largeur du navire au-dessus de la tête des rameurs. La galerie en dehors des thranites était inutile [1]. La disposition de la charpente intérieure et des bancs des rameurs devait être, à peu de chose près, que le navire fût ponté ou non, celle que j'ai indiquée pour les Trières non pontées. Le pont aurait été ajouté à ces dernières sans autre modification.

Je ne crois pas, du reste, que de l'existence d'une disposition différente, on puisse conclure d'une manière absolue que celle que j'ai indiquée n'ait pas existé. Il ne faut rapporter les navires anciens, pas plus que les navires modernes, à un type unique, et il

[1] Ces observations sont probablement aussi applicables à la Pentère, et sur ceux de ces navires dont le pont était placé au-dessus des rameurs, la galerie extérieure devenait inutile.

2

a pu y avoir des différences assez importantes suivant les époques et les nations. Il serait à désirer que l'on retrouvât d'autres monuments propres à éclairer cette question. Peut-être existent-ils, mais peu connus, faute d'avoir été étudiés à l'aide de notions suffisamment justes et précises.

Le fragment qui fait l'objet de cette note, quelque incomplet qu'il soit, est cependant ce que j'ai vu de plus satisfaisant relativement aux navires à rangs de rames superposés. Si son authenticité était établie d'une manière suffisante, il donnerait, je crois l'avoir montré, une preuve, en quelque sorte mathématique, de la réalité de la disposition que j'ai décrite pour les rameurs de la Trière athénienne.

CHAPITRE II

DU PRINCIPE GÉNÉRAL DES NAVIRES A RANGS DE RAMES

On a vu que quelque temps après la construction des premières Pentères on fit des Hexères, et qu'à partir de ce moment, on ne tarda pas à augmenter rapidement le nombre des rangs de rames; preuve certaine que l'on avait enfin trouvé un principe général s'appliquant à la disposition de ces navires. Il serait intéressant de rechercher par quels degrés on a pu être amené à cette découverte; mais il me paraît préférable, pour l'intelligence de ce travail, d'exposer, de prime-abord, ce qu'a pu être ce principe.

J'aborderai de suite la description de l'Hexadécaère [1], le plus grand des navires qui aient rendu des services réels, comme pouvant mieux faire saisir ce principe dans tous ses développements.

Plusieurs auteurs, s'autorisant de réprésentations monumentales des navires anciens, ont pensé, et j'ai déjà fait à la Trière et à la Pentère l'application de cette opinion, que les rangs de rames n'étaient pas superposés dans toute l'acception

[1] Navire à seize rangs de rames.

du mot, c'est-à-dire qu'il n'y avait pas un pont correspondant à chaque rang. Ils ont imaginé, dès-lors, de disposer les rameurs sur des séries de gradins, ces séries placées à la suite l'une de l'autre, à partir de l'arrière, et la différence de hauteur des gradins d'une même série étant d'autant moindre que l'ordre du navire était plus élevé, en admettant, toutefois, que l'espace occupé par les rameurs gagnait toujours en hauteur.

Cette disposition provoque de suite une objection grave. D'après la manière dont ces auteurs établissent leur système, les rameurs les plus bas d'une série devant se trouver établis sous la partie supérieure de la série précédente, on est obligé, à mesure que la différence de hauteur entre les gradins consécutifs d'une même série diminue, d'éloigner de plus en plus ces séries les unes des autres, et cela dans une proportion telle, que le nombre des rameurs devient tout-à-fait insuffisant. Ce serait évidemment là une fin absolue de non-recevoir.

Un peu d'attention eût amené, sans grand'peine, à résoudre la difficulté de la façon la plus naturelle. A mesure que le rameur est plus élevé, son aviron étant plus long, le point d'appui sur la muraille doit s'éloigner du rameur, pour conserver un rapport convenable entre la longueur de l'aviron et celle du manche. Il devient donc indispensable, ou d'incliner la muraille en dehors, ou au contraire d'éloigner de plus en plus les gradins de la muraille à mesure qu'ils sont plus élevés. Mais si l'on s'arrête à cette seconde disposition, les gradins supérieurs ne se trouveront plus directement au-dessus, mais bien sur le côté, des gradins inférieurs de la série suivante, et l'on comprend, dès-lors, que l'on puisse beaucoup diminuer la distance entre les séries de gradins consécutives.

Les figures 6, 7 et 8 représentent la disposition de ces gradins obliques pour l'hexadécaère. La figure 6 est la projection transversale d'une série de gradins supposée isolée et vue de l'arrière du navire. La figure 7 représente une série complète de gradins et plusieurs portions de séries vues du dehors du navire, en supposant la muraille enlevée. Enfin, la figure 8 est la projection en plan horizontal des gradins de la figure 7. Chaque série de gradins en comprend treize, qui avec trois rangs supérieurs ou extérieurs[1], comme on voudra les appeler, donnent les seize rangs de rames. La différence de hauteur entre les gradins de la série est de 17c pour ceux qui répondent à des avirons à un seul rameur, c'est-à-dire pour les dix plus bas. Cette différence est de 25c pour les trois suivants, qui sont à deux rameurs. Chaque gradin est plus en dedans du navire, par rapport à celui immédiatement inférieur, du tiers de la largeur de l'espace occupé par un rameur, largeur qui est de 50c. Le quatrième rameur d'une série laisse donc libre à côté de lui la place du premier rameur de la série suivante[2], et on peut, sans inconvénient, faire occuper cette place par ce premier rameur, en le tenant toutefois un peu reculé vers l'avant par rapport à son voisin, pour faciliter le jeu des avirons. La différence de hauteur entre les rameurs de deux séries, qui sont ainsi voisins l'un de l'autre, est d'au moins 51c.

On peut voir de suite l'avantage qui résulte de l'obliquité des gradins ; car s'ils n'eussent pas été obliquement disposés, le premier gradin d'une série devant se trouver, non plus à côté, mais en dessous de celui qui lui correspond dans la série précédente, leur différence de hauteur eut dû être de 1m 50c environ ; c'est-à-dire que l'on n'aurait pu placer ce premier

[1] Je pense que la dénomination de thranites devait s'appliquer à tous les rameurs de ces rangs extérieurs. L'opinion la plus suivie est, que ce nom ne s'appliquait qu'aux rameurs du rang le plus élevé ; mais les rangs supérieurs étant très-semblables entre eux, et, au contraire, très-distincts, par leur position, des rangs formés par les rameurs des séries, il doit sembler naturel de comprendre tous ces rangs supérieurs sous une même dénomination. Ce n'est là, toutefois, qu'une opinion dont je n'ai pas les preuves.

[2] Je compte les séries de gradins à partir de l'arrière du navire, et dans chaque série, les avirons à partir du plus bas.

gradin que sous le dixième homme de la série précédente. On voit donc que, par suite de l'obliquité des gradins, on peut diminuer la distance entre les séries de 3 à 1 environ, et placer trois fois plus de rameurs dans une même partie de la longueur du navire.

En s'en tenant aux différences de hauteur données plus haut, si la muraille du navire fût restée verticale, le point d'appui des avirons eût été trop éloigné des rameurs; il a fallu incliner cette muraille en dedans, lui donner ce qu'en marine on nomme de la *rentrée*. Même avec cette précaution, le profil de la muraille étant une courbe, le point d'appui de quelques avirons eût pu être mal placé, si l'on n'avait pas eu la faculté de rentrer encore ce point d'appui à un endroit quelconque de l'épaisseur de la muraille, en faisant reposer l'aviron, non pas sur un bordage extérieur percé d'un trou pour son passage, mais sur une traverse entre deux membres voisins, placée en dedans de ce trou du bordage.

Les avirons jusqu'au dixième de chaque série n'ont, comme je l'ai déjà dit, qu'un seul rameur. Les onzième, douzième et treizième rangs ont deux rameurs par aviron, et à cause de l'inclinaison de ces avirons, lorsqu'ils sont plongés dans l'eau pour agir, le siége du rameur le plus en dedans du navire, de celui qui tient la poignée de l'aviron, est plus élevé de 15ᶜ que celui de son camarade. Le nombre des avirons à deux rameurs faisant partie de la série ne peut être de plus de trois, car chacun des rameurs de 1 à 10 a en dedans de lui et à le toucher, plus élevé seulement, un des rameurs de la série précédente, en sorte qu'on ne peut placer un second rameur sur son aviron; ce n'est qu'au onzième aviron que cette place en dedans reste libre. D'une manière générale, et comme on le comprendra facilement à l'inspection des figures, le nombre des avirons à deux rameurs ne peut dépasser le nombre des avirons les plus bas, dont le rameur n'a personne entre lui et la muraille [1]. Ainsi, quand le premier rameur d'une série

[1] Je crois que de même qu'il pouvait y avoir plusieurs rangs de thra-

est près du quatrième de la série précédente, comme il y a, au bas de chaque série, trois rameurs dans le cas indiqué ci-dessus, on sait d'avance que l'on ne pourra placer à la suite des gradins à un rameur, que trois gradins à deux rameurs. Ce nombre serait de quatre, si le premier rameur de la série était placé près du cinquième de la série précédente; et de deux seulement s'il était placé près du troisième.

Sur l'Hexadécaère, le plus grand aviron manié par un seul homme, celui du dixième rang est de 7m 50c de longueur.

Les rangs supérieurs, placés en dehors de la série, sont disposés d'une manière analogue à celle décrite pour la Pentère; seulement, les madriers obliques sont moins inclinés, et pas tous à la même hauteur. En effet, celui du rang le plus élevé devra passer au-dessus et un peu en arrière des têtes des rameurs du treizième aviron d'une série, tandis que celui qui soutient les bancs du rang extérieur le plus bas, n'a besoin de passer qu'au-dessus des têtes des hommes d'un onzième aviron. Il est facile de voir que le nombre de ces rangs extérieurs ne peut être plus grand que celui des avirons à deux rameurs de chaque série; car les nouvelles petites séries formées par les gradins des rameurs de ces rangs, étant à deux rameurs par gradin, ne peuvent se doubler. La différence de hauteur entre les rangs extérieurs est de 25c, comme pour les gradins à deux rameurs de la série; l'homme de poignée, à chaque aviron, est aussi plus élevé de 15c que son camarade. L'aviron le plus long a 10m 10c. Comme dans la Pentère, les madriers obliques, supportant les bancs des rameurs extérieurs, servent à relier la muraille à des montants verticaux sur lesquels repose le pont, qui est ici placé au-dessus de tous les rameurs et à 5m de la flottaison du navire. Les madriers se recourbent en dessous des bancs, de manière que

nites, il y avait aussi plusieurs rangs de thalamites, et que l'on comprenait sous cette dénomination tous les rameurs qui n'avaient personne entre eux et la muraille. Ainsi, il y avait sur l'Hexadécaère trois rangs de thranites et trois rangs de thalamites. Les rameurs des dix autres rangs étaient alors les zygites.

leur extrémité soit presque horizontale et vienne, prolongée en dehors de la galerie qui contient les rangs extérieurs, soutenir le porte-nage des avirons de ces rangs. Ces avirons traversent la muraille de la galerie dans des sabords assez larges pour ne pas gêner leur jeu. Le fond de la galerie, sur lequel reposent les pieds des rameurs, est en pente et forme un plan incliné particulier au-dessous de chaque petite série de rameurs extérieurs. Il en résulte que la section longitudinale du fond de cette galerie est une crémaillère, comme je l'ai indiqué dans la figure 9, et aussi dans la figure 7, où cette section est représentée par une grosse ligne ponctuée au-dessous des pieds des rameurs des rangs extérieurs, rameurs distingués des autres, dans cette figure, par une tunique plus noire. Je n'ai représenté que deux de ces groupes, en haut à gauche, pour laisser plus en évidence, sur la droite de la figure, la disposition des rangs placés sur les séries de gradins. De même, dans la figure 9, je n'ai représenté que les porte-nage et les sabords qui appartiennent à ces deux groupes. Dans la figure 7, on distingue encore entre elles les séries de gradins, par les tuniques alternativement blanches et hachées des rameurs. Pour en revenir à la forme en crémaillère du fond de la galerie, cette disposition était indispensable pour laisser libre au-dessous de lui le jeu du treizième aviron, sans pour cela élever trop le quatorzième rang, le plus bas des rangs extérieurs, ce que l'on aurait été obligé de faire si le fond de la galerie eût été un plan horizontal continu.

La figure 9 donne l'aspect extérieur d'une portion de la muraille du navire. Il est bien entendu d'ailleurs qu'il y avait là tout un système d'ornementation que j'ai jugé inutile d'indiquer. On remarquera que l'œil saisit difficilement les rangs, et que l'on ne peut guère se rendre compte de leur nombre réel qu'en comptant les sabords ou les avirons compris dans une ligne oblique, telle que celle qui a été numérotée. L'œil tend à suivre la série de sabords AB, oblique vers l'arrière en montant, plutôt qu'une ligne telle que celle que je viens d'indiquer. De là une propension à prendre le nombre des avirons contenus dans la ligne AB pour celui des rangs. Je ne sais s'il existe quelque monument antique représentant un navire d'un grand nombre de rangs ; mais si cela était et que la disposition de ces navires fût bien celle que je donne, on a dû s'y tromper, dans l'ignorance où l'on était de cette disposition, et compter trop peu de rangs.

J'appellerai l'attention sur la figure 6 *bis*, qui représente la projection transversale d'une série complète des avirons et des gradins de l'Hexadécaère, mais sans les rameurs. Cette figure, lorsque l'on a bien saisi la disposition de ce genre de navires, suffit à elle seule pour l'étude des détails de cette disposition. Il est facile, en effet, d'y reconnaître à quel homme d'une série doit correspondre le premier homme de la série suivante. Pour cela, on élèvera, par le bout interne du gradin le plus bas, une verticale, et l'on verra le premier gradin en dehors duquel passe cette verticale. Toutes les autres particularités : longueur et inclinaison des avirons, quantité dont ils plongent dans l'eau, position de leurs points d'appui, nombre de leurs rameurs, place de ces rameurs, disposition générale de la muraille, tout s'y trouve; il suffit de placer auprès de cette figure deux nombres : l'un exprimant la distance horizontale entre deux gradins consécutifs ; je nommerai, dans la suite, ce premier nombre *intervalle ;* le second, la quantité dont le chaque homme d'une série de gradins se trouve reculé vers l'avant, par rapport à son voisin de la série précédente; je nommerai ce second nombre *retrait*. Dans le cas de l'Hexadécaère représentée dans mes figures, l'intervalle est 1^{m} et le retrait 30^{c}. J'ai rapporté par un trait pointillé, descendant verticalement de sa poignée, chaque aviron au gradin qui lui correspond. Les avirons maniés par les rameurs voisins les uns des autres, et placés suivant la ligne AB de la figure 7, sont indiqués en traits pleins sur les figures 6 et 6 *bis ;* les avirons intermédiaires, appartenant aux hommes des lignes CD et EF de la figure 7, sont indiqués par des lignes à tirets. On peut ainsi juger quelle est réellement la distance entre les avirons à-peu-près superposés. Le plan des couples formant la membrure de ce navire ne devait pas être vertical, mais incliné sur l'arrière, parallèlement aux lignes AB, CD, EF, afin de permettre un placement facile des sabords de nage percés dans le bordé entre ces membres, qui sont indiqués en lignes à tirets entre les sabords de nage des lignes AB, CD, EF de la figure 9.

Une projection transversale, telle que celle de la figure 6 *bis*, suffisant pour se rendre compte de tout, j'ai indiqué, comme exemple, l'Ennère [1] par une figure de ce genre (figure 10). Ici le premier homme d'une série correspond au troisième de la précédente, d'où il résulte qu'il ne peut y avoir que deux rangs extérieurs [2].

La différence de hauteur des gradins est de 25c; la muraille a beaucoup de rentrée; chaque aviron n'a qu'un rameur; les avirons extérieurs, plongés dans l'eau, font avec l'horizontale un angle qui ne dépasse pas 30°. On pourrait obtenir de bons effets de l'aviron sous une obliquité plus grande, mais il faut prévoir les mouvements du roulis et ceux de la mer, qui peuvent obliger à dépasser l'inclinaison habituelle, celle que l'on doit donner à l'aviron pendant qu'il agit de temps calme. Sur l'Hexadécaère, comme sur les autres navires, je me suis attaché à ne pas dépasser cette limite de 30°.

Sur l'Heptère [3], il y avait deux rangs extérieurs et cinq en gradins. La différence de hauteur entre ceux-ci était de 30c ou un peu moins; le premier homme d'une série correspondait au troisième homme de la précédente.

Sur la Dodécaère, le premier homme d'une série correspondait, comme pour l'Hexadécaère, au quatrième homme

[1] Navire à neuf rangs de rames.

[2] En ce qui concerne l'Ennère, ceci n'est pas tout-à-fait exact, parce que, comme on va le voir, les avirons des rangs extérieurs n'avaient, sur ce navire, qu'un seul rameur; en sorte que rien n'empêcherait de continuer les séries formées par les rameurs de ces rangs. C'est peut-être par ce moyen que l'on obtenait les navires à dix et à onze rangs. Un des rangs ainsi ajoutés pouvait être à deux rameurs par aviron.

[3] Navire à sept rangs de rames.

de la précédente. Il aurait dû, par conséquent, y avoir trois rangs extérieurs, avec des avirons à deux rameurs; mais les hommes du plus bas de ces trois rangs n'auraient pas eu assez d'espace devant eux pour bien manier leurs avirons; j'en réduis donc le nombre à deux. Les dix autres rangs formaient des séries, dont les deux gradins les plus élevés avaient seuls deux rameurs, par la même raison que ci-dessus, et pour lesquelles la différence de hauteur entre les gradins consécutifs était de 25^{c}. La représentation par une projection transversale de la disposition de ces navires ne présente, non plus que celle des navires d'un ordre quelconque, au moins jusqu'à seize rangs, aucune difficulté après les explications que j'ai données à ce sujet.

Sur l'Heptère, la distance horizontale entre les gradins d'une même série, l'intervalle, était de 80^{c}; le retrait, que j'ai défini : la quantité dont chaque gradin d'une série reculait sur son voisin de la série précédente, était ici de 10^{c} seulement; on a donc 1^{m} 70^{c} pour la distance dans le rang des hommes du même rang, ou pour la distance des bancs, en désignant par ce dernier terme un groupe complet d'hommes appartenant chacun à un rang différent. Sur l'Ennère, l'intervalle était de 90^{c}, et le retrait de 15^{c}, ce qui donne 1^{m} 95^{c} pour la distance des bancs. Sur la Dodécaère, l'intervalle était, comme sur l'Ennère, de 90^{c}, et le retrait de 15^{c}; mais le premier homme d'une série ne répondant plus qu'au quatrième de la série précédente, la distance des bancs était de 2^{m} 85^{c}. Sur l'Hexadécaère, intervalle 1^{m}, retrait 30^{c}, la distance des bancs était 3^{m} 30^{c}.

CHAPITRE III

DES DIMENSIONS PRINCIPALES ET DES QUALITÉS DES DIFFÉRENTS ORDRES DE NAVIRES A RANGS DE RAMES

On peut rechercher maintenant l'avantage que l'on pouvait obtenir en augmentant le nombre des rangs. Pour cela, il faut calculer le nombre de rameurs que la disposition de chaque ordre permettait de placer dans une partie donnée de la longueur du navire, soit 30^{m}, par exemple, espace occupé par les rameurs de la Trière.

La Trière avait d'un seul bord soixante-quinze rameurs dans cet espace. La Pentère ayant ses hommes distants de 1^{m} 40^{c} dans le rang, le nombre des rameurs pour 30^{m}, et toujours d'un seul bord, était de cent sept, au lieu de cent vingt-cinq qu'il eût été, si la distance dans le rang fût restée 1^{m} 20^{c}, comme pour la Trière.

Pour l'Heptère, distance dans le rang, 1^{m} 70^{c}, il y avait cent vingt-trois rameurs. Pour l'Ennère, distance dans le rang, 1^{m} 95^{c}, cent trente-huit rameurs. Pour la Dodécaère, qui à cause de ses quatre rangs doubles avait seize rameurs par banc, la distance dans le rang étant de 2^{m} 85^{c}, le nombre des rameurs pour 30^{m} était de cent soixante-huit. Enfin, pour l'Hexadécaère, qui avait vingt-deux hommes par banc, et dont la distance dans le rang était de 3^{m} 30^{c}, ce nombre devenait deux cents. Ainsi, les nombres 75, 107, 123, 138, 168 et 200 peuvent être regardés comme exprimant les puissances relatives des dispositions de la Trière, de la Pentère, de l'Heptère, de l'Ennère, de la Dodécaère et de l'Hexadécaère. On voit que ces puissances vont assez en augmentant, pour justifier l'adoption successive de navires d'un ordre de plus en plus élevé.

On peut aussi rechercher quelles étaient les dimensions les plus ordinaires de ces différents navires. On a très-peu de données à ce sujet, mais il est possible d'arriver, au moyen de quelques remarques, à des hypothèses satisfaisantes.

Le nombre de rameurs répondant, pour chaque ordre, à une longueur de 30^{m}, étant exprimé par les chiffres ci-dessus, il est naturel de penser que le déplacement du navire ou sa force portante, pour cette même longueur, devait augmenter dans le rapport de ces mêmes nombres. Ce déplacement ayant pour mesure la section transversale moyenne multipliée par la longueur considérée, 30^{m}, c'est la section transversale moyenne qui devra changer dans le rapport ci-dessus. Le résultat facile à apercevoir de cette augmentation parallèle du nombre des rameurs contenus dans une longueur donnée et de la section transversale, c'est qu'en ne considérant que cette longueur de 30m, il y aurait toujours un même nombre de rameurs par mètre carré de cette section. Or, la longueur du navire doit augmenter en raison des autres dimensions, c'est-à-dire comme la racine carrée de la section transversale, ou, ce qui revient au même, comme la racine carrée du nombre des rameurs répondant à une longueur de 30m, nombre que nous avons nommé puissance relative de l'ordre. Le nombre total des rameurs augmentant évidemment, pour une disposition quelconque, dans le rapport même de la longueur du navire, il en sera de même du nombre de rameurs répondant, pour le navire complet, à chaque mètre carré de la maîtresse-section. Ce dernier nombre, que l'on peut nommer puissance réelle du navire, serait donc dans le rapport de la racine carrée de la puissance relative de l'ordre auquel appartient le navire.

On voit par là que les navires d'un ordre élevé auraient pu avoir un très-grand avantage de marche sur les navires plus petits. Mais il faut observer que la marche d'un navire à l'aviron a une limite nécessaire, par suite du mode de propulsion employé. Pour une trop grande vitesse du navire, en effet, le mouvement à donner aux avirons fût devenu trop rapide et très-fatigant, impossible à soutenir pendant quelque temps. On a donc été conduit à s'en tenir à une vitesse convenable, en maintenant un rapport à-peu-près constant entre le nombre total des rameurs et la surface de la maîtresse-section, et à profiter de l'augmentation relative de déplacement que l'on pouvait ainsi obtenir, à mesure qu'il s'agissait de navires plus grands, pour donner à ces navires d'autres qualités. On sait par les historiens et les monuments que les galères portaient sur leurs ponts des tours, des châteaux, de véritables fortifications, pouvant se monter et se démonter sur les plus petites, où elles étaient légères, mais très-probablement assez considérables et permanentes sur les grands navires. Je pense que l'augmentation relative de déplacement à laquelle on a été conduit, comme on vient de le voir, a été utilisée pour donner à ce système d'ouvrages supérieurs tout le développement possible, et comme ces constructions devaient élever beaucoup le centre de gravité, c'est surtout par l'augmentation du tirant d'eau que l'on a cherché à se procurer le déplacement convenable.

Il est à remarquer aussi que tant que le rapport de la longueur à la largeur ne varie pas, pour un même tirant d'eau, la proportion entre le nombre des rameurs et la surface de la maîtresse section reste la même pour des navires appartenant au même ordre. Car la surface de la maîtresse-section augmente comme la largeur, et le nombre des rameurs comme la longueur. Je pense donc que ces deux dimensions ont dû augmenter simultanément, dans une plus grande proportion que la racine carrée de la puissance relative; car on se procurait ainsi une augmentation de déplacement plus considérable que celle nécessaire pour compenser le plus grand poids de la coque, dû à l'agrandissement du navire, ce qui permettait d'augmenter le poids dont on pouvait le charger.

D'après ces remarques, on sera probablement peu éloigné de la vérité, en calculant de la manière suivante les dimensions d'un navire d'un ordre quelconque. On prendra les dimensions qui paraissent les plus probables pour la Trière : 40^m de longueur, 5^m de largeur, 1^m de tirant d'eau. La puissance relative de ce navire est 75, nombre des rameurs d'un seul bord. On prendra le chiffre exprimant la puissance relative de l'ordre auquel appartient le navire que l'on veut calculer, et on établira le tirant d'eau en proportion de ce nombre, ou seulement un peu inférieur. Puis on aura la longueur et la largeur, en les prenant proportionnelles à la racine carrée de la puissance relative, et les augmentant d'une fraction d'autant plus forte que l'ordre du navire sera plus élevé. Je pense que sur les navires longs des anciens, la largeur était environ le 8e de la longueur, comme sur les galères modernes, où cette proportion semble s'être conservée par tradition.

Voici les dimensions principales de quelques navires de différents ordres, calculées comme je viens de le dire, sauf celles de la Tessaracontère [1], que j'ai données d'après les auteurs. On remarquera que pour cet immense navire, la largeur est le septième de la longueur, ce qui peut s'expliquer, sans nuire aux déductions précédentes, par la nécessité de ne pas trop augmenter le tirant d'eau. On a alors reporté sur la largeur l'augmentation que l'on n'osait faire porter sur la profondeur.

Ordre des Navires.	Tirant d'eau.	Longueur.	Largeur.
Trière.	1m »	40m	5m »
Pentère.	1, 35	52	6, 50
Heptère.	1, 55	57	7, 40
Ennère.	1, 75	61	7, 60
Dodécaère.	2, 15	70	8, 75
Hexadécaère. . . .	2, 55	76	9, 50
Tessaracontère. . .	6, 50	129, 60	17, 59

Les chiffres du tableau ci-dessus ne représentent que les types moyens, les types rationnels en quelque sorte, dont on a dû souvent s'écarter beaucoup suivant les nations et les constructeurs. Ainsi, par exemple, il est question d'une Octère qui aurait eu 50 rameurs par rang, ce qui aurait nécessairement porté sa longueur bien au-delà de celle de 60m, qui lui conviendrait d'après le tableau. En tenant compte des écarts, qui ont eu probablement pour but de procurer à un haut degré, à certains navires, quelque qualité spéciale, je pense que l'on aura une idée suffisamment approchée de la grandeur des navires anciens, par les chiffres que je viens de donner.

Il est facile d'après ce tableau de calculer le nombre des rameurs des navires de chaque ordre. Il faut prendre pour

[1] Navire à quarante rangs de rames.

chacun d'eux le chiffre exprimant la puissance relative, et l'étendre, après l'avoir doublé, de 30^{m} à la longueur portée au tableau, moins 10 à 14^{m}, suivant l'ordre, à répartir entre l'avant et l'arrière pour l'espace où les formes du navire ne permettent plus de placer de rameurs. On pourra aussi, comme je l'ai déjà fait pour la Trière et la Pentère, calculer la maîtresse-section, le nombre de rameurs par mètre carré de cette section, et l'expression de leur puissance en chevaux-vapeur.

On formera ainsi le tableau suivant :

Ordre des navires	Nombre total des rameurs.	Maîtresse-section M. Q.	Rameurs par mètre carré de la maîtresse-section	Chevaux-vapeur par mètre carré de la maîtresse-section
Trière.	450	4. 50	33	3,3
Pentère. . . .	300	7, 75	39	3, 9
Heptère. . . .	378	9. 75	39	3, 9
Ennère. . . .	460	11, 75	39	3, 9
Dodécaère. .	650	16, 60	39	3, 9
Hexadécaère	854	21, 50	40	4, »
Tessaracontère. .	4,000	100, »»	40	4, »

On peut voir par ce tableau que la Trière déjà si rapide, était par le fait dans une certaine infériorité, quant à la propulsion, relativement aux navires de plus grandes dimensions, et que le rapport de la puissance dont on disposait à la maîtresse-section pouvait être maintenue assez égale pour les divers autres ordres. On pourrait penser que les plus grands navires étaient par le fait dans de bien meilleures conditions encore; car on sait depuis longtemps qu'il faut proportionnellement moins de force pour faire marcher un grand navire, et d'après M. l'Amiral Paris, qui a consigné dans un mémoire récent les résultats des observations faites depuis plusieurs années sur un grand nombre de navires à vapeur, la résistance, pour des navires semblables, augmente, non pas comme les carrés des dimensions, c'est-à-dire comme la surface de la maîtresse-section, ainsi qu'on l'admet ordinairement dans la théorie de la résistance des fluides, mais seulement comme les dimensions, c'est-à-dire comme la largeur du navire. On voit l'immense avantage des grands navires, et quelle eût pu être, sous ce rapport, la supériorité de l'Hexadécaère, par exemple, sur la Pentère. Toutefois, il est très-probable que cet avantage était perdu, en grande partie, par le développement exagéré des ouvrages supérieurs appropriés au combat, et qui éprouvaient de la part de l'air une résistance considérable, surtout lorsque la brise venait de l'avant. Il y avait aussi beaucoup de force perdue pour vaincre l'inertie des grands avirons de ces navires. Ils présentaient d'ailleurs d'autres inconvénients assez graves. Outre leur prix relativement très-élevé, à cause de la dimension des bois nécessaires, ces navires devaient, en somme, être peu utiles dans un combat. La tactique navale grecque était toute d'évolution. Les navires cherchaient à frapper de leur éperon le travers d'un navire ennemi, et à éviter pour eux-mêmes une semblable atteinte; aussi le nombre des combattants était-il assez petit sur ces navires, vingt au plus sur une Trière. La lenteur forcée de l'évolution des grands navires les mettait sous ce rapport dans une infériorité évidente, et de plus, avec un de ces navires coulé ou incendié, une partie notable de la flotte était anéantie d'un seul coup. Il devait donc y avoir une grandeur préférée, joignant à une force déjà considérable, une facilité suffisante d'évolution.

C'est ce qui résulte de la composition de la flotte de Ptolémée-Philadelphe, donnée par Athénée. Cette flotte comprenait : 2 navires à 30 rangs, 1 à 20, 4 à 13, 2 à 12, 14 à 11, 30 à 9, 37 à 7, 5 à 6, 17 à 5, et le double davantage en Tessères, Trières et Dières.

Comme on le voit, les navires préférés étaient ceux à neuf et à sept rangs; ceux à onze rangs devaient encore donner des résultats avantageux. Les petits navires étaient très-utiles pour la découverte et diverses corvées ou missions. Je pense que le rôle des grands bâtiments dans les combats était de former une réserve inébranlable, tenant l'ennemi à distance au moyen de puissantes machines de jet, et derrière laquelle venaient se rallier les navires maltraités. On pouvait cependant s'en servir avec avantage dans l'offensive, pour forcer un passage ou mettre en désordre une disposition défensive de l'ennemi ; mais ils étaient plus embarrassants qu'utiles dans une mêlée. En marche, leur vitesse était assez grande pour qu'ils ne retardassent point la flotte. Leur emploi le plus avantageux devait être le transport des troupes et des munitions, service pour lequel leur grande capacité et le vaste développement de leurs ponts les rendaient très-convenables.

CHAPITRE IV

DU NAVIRE A QUARANTE RANGS DE RAMES DE PTOLÉMÉE-PHILOPATOR

J'ai déjà parlé à plusieurs reprises de la *Tessaracontère* de Ptolémée Philopator, sans entrer dans aucun détail sur ce navire. Les historiens nous ont conservé sur lui plusieurs renseignements qui nous manquent pour les navires d'ordres moins élevés. Cette circonstance, jointe à la difficulté de concevoir l'agencement d'une pareille machine, font de la possibilité de son explication une des meilleures preuves que l'on puisse fournir à l'appui d'un système de rangs de rames.

D'après plusieurs auteurs, ce navire avait 280 coudées [1] de long, 38 coudées de large, 48 coudées de hauteur du pont supérieur au fond du navire, 53 coudées du sommet de la poupe à la surface de l'eau. Les rames les plus longues avaient 38 coudées; leur poignée était garnie de plomb. Le vaisseau avait quatre gouvernails de 30 coudées et portait quatre

[1] La valeur de la coudée antique est très-variable. La coudée de quelques pays n'avait que 33c, tandis que pour d'autres pays sa valeur dépassait 50c.

Je me suis servi de la coudée Olympique de 463 millimètres.

mille rameurs, quatre cents matelots et trois mille soldats.

Après plusieurs essais de restitution de ce navire, je me suis arrêté à ce qui suit : (*Voir la fig. 11.*)

Les rangs inférieurs étaient disposés en gradins, comme je l'ai expliqué pour l'*Hexadécaère*, mais le premier homme d'une série était à côté du septième homme seulement de la série précédente. Par suite, le nombre d'avirons à deux rameurs pouvait être de six par série. L'intervalle était de $1^{m}\ 05^{c}$, et le retrait de 30^{c}, ce qui donne $6^{m}\ 60^{c}$ pour la distance des séries entre elles, ou des hommes dans chaque rang. La différence de hauteur de l'un à l'autre entre les gradins inférieurs était de $8^{c}\ {}^{1}/_{2}$. Le rang le plus bas avait ses sabords de nage à 80^{c} au-dessus de l'eau. Il y avait seize rangs à un seul homme par aviron, dont le plus élevé avait des avirons de $7^{m}\ 50^{c}$. Avec les six rangs à deux hommes par aviron, on obtenait vingt-deux rangs.

On ne pouvait continuer davantage la série des gradins sans une disposition particulière, parce qu'en voulant placer un nouveau gradin, faisant tout-à-fait suite au plus élevé des six à deux hommes par aviron, on eût trouvé la place du premier homme de ce gradin déjà occupée par l'homme de poignée du plus bas des avirons à deux rameurs de la série suivante. Il a donc fallu, pour placer de nouveaux gradins, les pousser d'une place en côté vers le milieu du navire. Mais ces gradins s'éloignant ainsi de la muraille, il devenait nécessaire d'augmenter tout de suite beaucoup la longueur de leurs avirons, et ces avirons étaient alors de plus de dix mètres, limite supérieure de ce que l'on peut faire mouvoir par deux hommes seulement; il fallait donc donner trois rameurs au premier de ces avirons, et la série se prolongeant, on était obligé, dès le quatrième des gradins reculés, de porter le nombre des rameurs à quatre. Ainsi, des six gradins que l'on pouvait encore obtenir, en les reculant d'une place vers le milieu du navire, trois étaient à trois hommes par aviron, et trois à quatre hommes. Bien que la rentrée de la muraille fût assez forte, il eût été assez difficile d'y trouver un point d'appui convenable pour les avirons de ce groupe; ce point d'appui eût été trop éloigné de la poignée. Il a fallu établir un porte-nage intérieur, dont la place est indiquée sur la figure 11 par le trait oblique *a*. Ce porte-nage devait toutefois être assez rapproché de la muraille pour ne pouvoir être rencontré par la tête des rameurs des rangs inférieurs. En dehors de ce porte-nage, les avirons traversaient la muraille dans des sabords assez larges pour ne pas gêner leur jeu. Par l'artifice que je viens d'indiquer, on pouvait porter le nombre des rangs en gradins à vingt-huit. Le plus élevé de ces rangs avait des avirons de 14[m]. La différence de hauteur entre les six gradins reculés était un peu plus grande que pour les gradins inférieurs : 10[c] au lieu de 8[c] 1/2. Les hommes maniant le même aviron allaient en s'élevant vers la poignée de 15[c] par place.

Au-dessus des rangs en gradins on disposait un premier groupe d'avirons supérieurs. Pour ne pas porter ce groupe trop en dehors, on le plaçait de manière à recouvrir en partie les gradins reculés. A cet effet, l'homme de poignée du vingt-neuvième aviron, le plus bas du groupe supérieur, était placé au-dessus du second homme, à partir de la muraille, du vingt-troisième aviron de la série suivante, le plus bas de ceux appartenant aux gradins reculés; pour que ce dernier homme ne fût pas gêné par les pieds du rameur placé au-dessus de lui, il devait y avoir au moins 1[m] 60[c] de distance verticale entre leurs bancs. Les gradins de ce premier groupe supérieur avaient de l'un à l'autre une différence de hauteur de 12[c]; la différence de hauteur entre les rameurs voisins, sur un même aviron, était de 18[c]. Les deux premiers rangs de ce groupe n'avaient que quatre hommes par aviron, et les quatre suivants, cinq hommes. Le cinquième homme était ajouté du côté de la muraille. Une poutre oblique supportait chaque gradin, en passant au-dessus de la tête des rameurs placés sous ce gradin, et de plus reliait les membres de la muraille du navire à de très-forts montants verticaux, placés en dedans des rameurs. Tous les rameurs de ce groupe se trouvaient, comme on peut le voir sur la figure, en dedans de l'aplomb de la muraille du navire, et le point d'appui de leurs avirons était sur la muraille d'une galerie peu saillante, à fond en crémaillère, comme il a été expliqué pour l'hexadécaère. Les avirons les plus longs de ce groupe avaient $15^{m}\ 40^{c}$.

Enfin, au-dessus de ce premier groupe supérieur, s'en trouvait un autre, également de six avirons, dont les gradins étaient aussi supportés par des poutres obliques, se liant d'un côté aux membres prolongés, et de l'autre, aux montants verticaux. Des six avirons de ce groupe, deux étaient à six rameurs, et quatre à sept rameurs. Ce groupe recouvrait presque entièrement le précédent, les hommes de poignée de celui-ci étant les seuls qui n'eussent personne au-dessus d'eux. La différence de hauteur d'un gradin à l'autre, dans le groupe le plus élevé, était de 16^{c}, et la différence de hauteur des hommes d'un même aviron, de 25^{c}. L'aviron le plus long de ce groupe avait $17^{m}\ 50^{c}$, répondant à-peu-près à la longueur de 38 coudées, donnée par les auteurs. Cet aviron n'était incliné à l'horizon que de 30^{c} environ, lorsque sa pelle plongeait dans l'eau. Son rameur de poignée, le plus élevé de tous, avait son banc à 6^{m} 45 au-dessus de la flottaison. Le point d'appui des avirons de ce groupe était sur la muraille d'une seconde galerie, à fond en crémaillère, qui contenait les rameurs les plus en dehors, et l'aplomb de cette galerie ne tombait qu'à 40^{c} en dehors de la flottaison du navire.

D'après la description qui précède, une série complète de rameurs, un banc, se composait de :

	16 avirons	à 1 rameur	16	rameurs
	6 »	à 2 »	12	»
	3 »	à 3 »	9	»
	5 »	à 4 »	20	»
	4 »	à 5 »	20	»
	2 »	à 6 »	12	»
	4 »	à 7 »	28	»
Ensemble	40 avirons	maniés par	117	rameurs

Il y avait de chaque bord, dans la longueur du navire, dix-sept de ces bancs complets, dont quelques-uns seulement formaient une suite continue, l'avant du navire offrant plusieurs parties inférieures de bancs, qui ne pouvaient être continués faute d'espace, et l'arrière plusieurs parties supérieures; de la même manière qu'on peut le voir dans la figure 7, pour la partie de la longueur de l'hexadécaère, dont les rameurs sont représentés. Ces dix-sept bancs complets donnaient pour un bord mille neuf cent quatre-vingt neuf rameurs, et pour les deux bords, trois mille neuf cent soixante-dix-huit, nombre peu différent de celui de quatre mille indiqué par les auteurs. Ce dernier nombre devait être un compte rond. On pourrait d'ailleurs le compléter, en prolongeant d'un mètre seulement la longueur de la chambre des rameurs. La distance des hommes dans chaque rang étant de 6^{m} 60^{c}, les dix-sept bancs occupaient une longueur de 112^{m} 20^{c}; soit : 113^{m} 20^{c}, avec le prolongement de 1^{m} dont je viens de parler. La longueur du navire étant de 129^{m} 64^{c}, il resterait encore 16^{m} 44, à répartir entre l'avant et l'arrière, pour l'espace où on ne pouvait plus placer de rameurs. Ceci paraîtra suffisant, si l'on observe que l'espace occupé en largeur par les rameurs d'un bord, n'est que de 5^{m}, 10^{m} pour les deux bords : ce qui permet de continuer à les placer, jusqu'à ce que les façons du navire à l'avant et à l'arrière ne laissent plus cette largeur disponible.

Les 4,000 rameurs de la Tessaracontère maniaient plus de 1,360 avirons de toutes grandeurs. Ils représentaient une force peu éloignée de celle fournie par une machine à vapeur de 400 chevaux.

Comme on peut le voir, la disposition que je viens de décrire s'accorde de tout point avec les données fournies par les auteurs, et cela sans que les rameurs soient aucunement gênés. La distance de 1^{m} 05 entre les gradins consécutifs est tout-à-fait suffisante, parce que les avirons inférieurs, pour lesquels les gradins diffèrent peu de niveau, sont assez petits, et que pour les très-grands avirons supérieurs, cette différence de hauteur des gradins est plus forte. D'ailleurs le manche des avirons étant partout plus petit que le quart de leur longueur totale, il était toujours possible de nager sans que les rameurs se levassent de leurs bancs, et si cela fût devenu nécessaire, la différence du niveau de 16^{c}, entre les gradins supérieurs, était suffisante pour que les avirons pussent passer au-dessus du dos des rameurs placés devant; mais je ne pense pas que ce navire ait jamais eu une marche assez rapide, pour que les rameurs ne pussent suffire à la tâche en restant assis. En effet, au témoignage de tous les auteurs qui en ont parlé, la Tessaracontère, ce Léviathan antique, resta une fastueuse inutilité. Même par un temps très-calme, il devait y avoir une très-grande quantité de force dépensée en pure perte, à vaincre l'inertie des avirons; et d'ailleurs, sur quelques-uns des plus grands de ces avirons, les rameurs les plus rapprochés du point d'appui, sans être complètement inutiles, ne pouvaient développer toute leur force. C'est cependant en calme que ce navire était le plus favorisé; dès qu'il y avait assez de mer pour qu'il roulât un peu, une partie des avirons était paralysée : les plus bas, parce qu'ils étaient noyés par la mer; les plus élevés, parce qu'il devenait très-difficile d'élever assez leur pelle au-dessus de l'eau. Ces avirons étant en effet très longs et très-inclinés, leur point d'appui sur la muraille de la galerie est assez bas relativement au rameur de la poignée, malgré le soin que j'ai pris de faire le manche un peu plus court que le quart de l'aviron; on ne pouvait donc, en temps calme, élever la pelle que d'un peu plus d'un mètre au-dessus de l'eau, et cette pelle se trouvant à plus de 20^{m} du milieu du navire, le moindre roulis lui faisait décrire un chemin de plus d'un mètre.

Remarquons, en passant, que des avirons de 17^{m} 50^{c}, bien que très-grands, n'avaient cependant rien d'impossible. Cette longueur répond à 54 pieds environ; or, il y a eu, sur les galères réales et capitanes du temps de Louis XIV, des avirons de près de 50 pieds, mus par six hommes. Il n'y a donc rien d'extraordinaire dans des avirons de 54 pieds, mus par sept hommes. Toutefois, le manche de ces avirons était plus court, à proportion, que sur les galères modernes, où il était à la longueur de l'aviron dans le rapport de 1 à 3 $^1/_2$. Ceci s'accorde avec la précaution que l'on avait eue, au dire des auteurs, de plomber la poignée des grands avirons de la Tessaracontère; et je pense, de plus, que cette pratique était assez générale, et en usage même sur des navires d'un ordre inférieur. Dans le Bosphore, que je cite parce que j'ai été à même de bien voir ce qui s'y pratique, et que les traditions antiques s'y sont mieux conservées qu'ailleurs, par le Bas-Empire, cette habitude se retrouve encore, quoiqu'un peu modifiée. On y fait tous les avirons, grands et petits, avec un manche considérablement renflé, ce qui équivaut au plombage, et balance presque entièrement le poids de la partie extérieure. Le maniement de ces avirons en est bien facilité.

Pour en revenir à la Tessaracontère, indépendamment de la difficulté de la faire marcher avec un peu de mer, un autre inconvénient provenait de l'immense surface présentée au vent par ses parties supérieures. Au dire d'Athénée, le pont supérieur du navire était à 48 coudées, soit : 22^m 20^c, au-dessus du fond, d'où déduisant 6^m 54^c de tirant d'eau, il reste 15^m 70^c pour la hauteur au-dessus de l'eau du corps du navire. De plus, la poupe présentait une élévation de 53 coudées au-dessus de la mer; soit : 24^m 54^c. On comprend tout l'inconvénient pour la marche d'un pareil développement d'œuvres mortes.

Puisque je suis sur le sujet des dimensions de ce navire extraordinaire, je compléterai l'indication de ses dispositions principales : Les montants verticaux dont il a été parlé, et qui reposaient sur le fond du navire, supportaient, à 8^m au-dessus de la flottaison, des poutres transversales, dont l'extrémité les dépassait et était soutenue par des jambes de force, s'appuyant sur les montants eux-mêmes. C'est sur cette extrémité des poutres qu'était établie la muraille de la partie supérieure du navire, ainsi qu'elle est indiquée dans la figure 11, qui donne la moitié de la projection transversale de la partie de la Tessaracontère au-dessus de l'eau. Cette muraille était assez légère. La partie supérieure du navire contenait deux ponts couverts, offrant un poste convenable à des archers, et un pont découvert défendu par le haut de la muraille. Au-dessous de ces trois ponts de combat, et entre les montants verticaux, se trouvaient trois ponts de service, et plus bas encore la cale. Les gradins inférieurs reposaient sur une sorte de demi-voûte, s'appuyant aux montants verticaux, et au-dessous de laquelle on pouvait établir des magasins. La chambre des rameurs était couverte par un toit incliné, à l'épreuve des pierres lancées par les machines, se reliant au pied de la muraille de la partie supérieure, et dont le bord était occupé par une galerie à balustrade, formant une sorte de chemin de ronde où l'on pouvait placer des sentinelles, et qui, dans un combat, pouvait recevoir des soldats pour repousser un abordage.

Suivant les auteurs qui ont décrit ce navire, il avait une double poupe et une double proue. Ceci ne peut, en aucune façon, s'entendre de la carène, qui devait avoir la forme ordinaire; une bifurcation dans cette partie eût eu de trop graves inconvénients, et ne peut se justifier par aucune raison. Voici ce qui est possible à ce sujet : Je pense que le rempart, formé de chaque bord par la muraille de la partie supérieure du navire, était flanqué à l'avant et à l'arrière par des constructions en forme de tours, se détachant ainsi aux quatre angles du parallélogramme allongé du navire. Une semblable disposition, dont l'analogue se retrouve, à une moindre échelle, dans la forme de l'arrière de quelques-uns de nos grands navires actuels, où les bouteilles figurent deux tourelles d'angles assez saillantes; une semblable disposition, dis-je, avait pour effet de présenter une double saillie, tant à l'avant qu'à l'arrière du navire : de là, la double poupe et la double proue. Entre les tours de l'arrière, dans la petite courtine qui les reliait, devait se trouver l'entrée du navire avec son échelle, facile à établir dans cette position. Entre les tours de l'avant, se manœuvrait peut-être un pont-levis, pour faciliter les abordages. Les sept éperons, dont il est question dans les mêmes auteurs, pouvaient se trouver : celui du milieu, le plus grand, à la position ordinaire, en prolongement de la carène; les six autres, plus élevés, destinés surtout à briser les avirons et les galeries extérieures des navires ennemis, pouvaient être répartis, par trois de chaque bord, sur les raccordements des bases des tours de l'avant avec le corps du navire. Les tours de l'avant, plus exposées à être enlevées par l'ennemi que celles de l'arrière, devaient être dominées par celles-ci, et c'est probablement le sommet de ces dernières qui se trouvait à 53 coudées au-dessus de l'eau.

Un dernier mot sur les quatre gouvernails de 30 coudées de long. Je pense qu'ils étaient placés, un de chaque côté des deux tours de l'arrière, les timonniers se tenant sur des plate-formes extérieures, établies à cet effet à 6 ou 7m au-dessus de l'eau. Ces timonniers pouvaient se voir et correspondre au moyen d'ouvertures percées dans les murailles des tours. Ils devaient être dirigés par un timonnier-chef, placé au sommet de la poupe, et leur transmettant ses ordres, soit au moyen d'un conduit acoustique, soit à l'aide d'un indicateur mécanique. Sur nos grands navires actuels, les hommes de barre, placés au pied de la dunette, ne voient pas l'extérieur du navire; lorsqu'on ne se dirige pas à l'aide du compas, ils gouvernent sur les ordres de l'officier du quart ou du second chef de timonnerie, dont ils ne sont alors que l'instrument, absolument comme devaient l'être, dans la disposition que j'ai donnée, les quatre timonniers de la Tessaracontère.

Jusqu'à présent, je n'avais pas parlé du gouvernail, parce qu'on est parfaitement fixé sur sa disposition chez les anciens. C'était une rame à très-large pelle, soutenue presque verticalement, d'abord par des cordages, puis, plus tard, par des colliers en bois ou en métal, dans lesquels elle tournait librement, lorsqu'à l'aide d'une barre, implantée dans sa tête perpendiculairement à son axe, on voulait faire varier l'angle du plan de sa pelle avec la longueur du navire, pour faire évoluer celui-ci. Son action était, comme on voit, analogue à celle du gouvernail moderne, sur lequel elle avait un avantage : c'est qu'il ne fallait que peu de force pour la mouvoir, à cause de la symétrie, par rapport à son axe, des résistances éprouvées par la pelle. En revanche, elle était bien moins solide.

J'ai dit, en commençant, que les diverses solutions avancées, en dehors de l'hypothèse d'un nombre de rangs de rames égal à celui exprimé dans le nom du navire, s'appuyaient surtout sur l'impossibilité où l'on était de concevoir la superposition d'un grand nombre de rangs. Je pense qu'il ne peut plus rester de doutes sur ce sujet, car si les solutions que je propose ne sont pas réellement les véritables, il n'en subsisterait pas moins que cette superposition était possible.

Parmi ces solutions d'expédient, il en est cependant une qui mérite une attention particulière. C'est celle qui suppose qu'il y avait, en effet, plusieurs rangs de rames à des hauteurs différentes, mais que ces rames étant maniées chacune par plusieurs rameurs, c'était le nombre des files formées par ces rameurs, et s'étendant de l'avant à l'arrière, qui était exprimé dans le nom du navire. Ainsi, un navire disposé comme je l'ai dit pour la Tessaracontère eût été considéré, dans cette hypothèse, comme étant à cent dix-sept rangs. Sous la forme où elle a été présentée par son auteur, Leroy, *Marine des Anciens*, cette solution n'est guère admissible, et elle présente, quoique peut-être à un moindre degré, les mêmes inconvénients que les gradins, alors que ceux-ci ne sont pas disposés obliquement.

Toutefois, l'idée qui fait la base de cette solution est susceptible d'être adaptée au système des gradins obliques. Dans ce cas, lorsqu'il y aurait des avirons mus par plusieurs hommes, chacun de ces hommes compterait dans un rang différent.

Faisons l'application à la Tessaracontère. Chaque série de rameurs devant être de 40 hommes, comme il y avait sur ce navire 2000 rameurs d'un bord, le nombre de ces séries serait de 50, et comme elles occupent ensemble une longueur de 113 mètres, mettons 115 pour donner plus de latitude, la distance entre les séries consécutives, autrement dit entre les hommes du même rang, ne devrait être que de 2m 30. On voit qu'il serait indispensable de placer le premier homme d'une série à côté du troisième de la série précédente; la différence de hauteur entre les gradins inférieurs ne saurait donc être moindre de 25c, comme sur l'Ennère. La distance horizontale des gradins d'une même série, l'intervalle, serait de 1m, et le retrait de 30c.

On se représenterait assez bien l'ensemble de cette série de 40 rameurs, en prenant la projection transversale de la Tessaracontère, telle que je l'ai donnée, puis ne conservant, en commençant par le rang le plus élevé, que les rangs de trois en trois, les autres étant supprimés. Il suffirait de retrancher un homme au second des rangs conservés, à partir du haut, ce qui réduirait à 6 le nombre des rameurs sur chaque aviron de ce rang, pour que la série ainsi établie fût juste de 40 hommes. Cette solution, ainsi modifiée, est aussi plausible, sauf toutefois le sens des textes, que celle que j'ai donnée en admettant le nombre complet des rangs de rames; ce serait donc aux érudits à décider ce point. Pour moi, je penche vers la première solution, comme plus propre à flatter l'orgueil des monarques, pour lesquels ces grands navires étaient un objet de faste. Ce qui paraît le plus, en effet, ce sont les avirons formant 40 rangs différents, et non les 40 files de rameurs cachées dans le navire. Une remarque intéressante et qui cadre avec l'observation ci-dessus, c'est que pour les deux solutions, la disposition des navires d'ordres inférieurs, jusques et y compris l'Ennère, peut-être aussi la Décère, est identique. Ce n'est que lorsqu'il commence à y avoir plusieurs rameurs par aviron que la diversité s'établit.

Les dispositions décrites en détail pour la Tessaracontère, permettent d'établir sans difficulté celles qui répondent à des navires d'un moindre nombre de rangs : Triacontère, Icosaère [1].

[1] Navires à 30 et 20 rangs de rames.

On peut aussi en déduire la disposition probable de ces navires à 50 rangs de rames, que quelques auteurs disent avoir existé, mais sur lesquels ils ne donnent aucun détail. Pour arriver à cette disposition, il suffit de réduire à 7c 1/4 la différence de hauteur entre les gradins inférieurs, en réduisant à proportion celle entre les gradins supérieurs. Chaque série ne commencera qu'auprès du huitième homme de la série précédente : ce qui portera à 7, au lieu de 6, le nombre de gradins contenus dans chaque groupe, d'une disposition analogue d'ailleurs à celle décrite pour le groupe correspondant de la Tessaracontère. On obtiendrait ainsi 47 rangs de rames. Les trois rangs manquant pourraient facilement s'obtenir en élevant de 21c, 7 tout l'ensemble de ces 47 rangs, et ajoutant trois rangs par le bas. Il faudrait alors allonger et incliner un peu plus les avirons des 47 rangs élevés ainsi. On ne doit pas perdre de vue que ces immenses navires n'ont pas donné de bons résultats.

CHAPITRE V

D'UNE DISPOSITION SINGULIÈRE DES NAVIRES A RANGS DE RAMES

Les navires des Grecs ont-ils toujours eu la même disposition de leurs rames? La question se pose naturellement en présence de ce que dit Plutarque dans la *Vie de Démétrius*.

Ce prince avait construit des navires à seize rangs de rames, beaucoup plus rapides et évoluant plus facilement que ceux ordinaires de même rang. Ces navires devaient-ils ces qualités à une meilleure entente de leur construction? Démétrius avait-il, en supprimant le fardage des fortifications supérieures, réussi à donner à ces navires assez de légèreté pour qu'il fût permis d'en diminuer la maîtresse-section et la longueur? Ou bien doit-on supposer une disposition entièrement nouvelle de leurs rames? On ne le saura probablement jamais, les textes manquant sur ce fait; mais je crois devoir donner ici une disposition toute particulière, pouvant procurer au plus haut degré aux navires les qualités signalées par Plutarque.

Robert Hooke, savant anglais très-éminent de la fin du XVIIe siècle, très-versé dans les questions mécaniques, a écrit sur ce sujet un discours de peu d'étendue, que l'on peut trouver à la fin de ses *Œuvres posthumes* (in-f°, Londres, 1705). D'après Hooke, le rameur se serait servi de son aviron sans le sortir de l'eau, et non pas en le faisant agir d'avant en arrière, puis le ramenant en avant au-dessus de l'eau, comme on le fait ordinairement, mais en le faisant osciller autour de son point d'appui sur le navire, dans un plan vertical perpendiculaire à la quille. Pour chaque sens de ce mouvement oscillatoire, la pelle était présentée d'une manière différente et agissait sur l'eau en la traversant obliquement, à-peu-près comme la godille. La différence entre ces deux manières d'employer l'aviron, c'est que la godille est située dans un plan longitudinal, pour sa position moyenne, et oscille à droite et à gauche de cette position, au lieu de se mouvoir dans un plan transversal, comme les avirons de Hooke.

Les avantages de la disposition imaginée par Hooke sont les suivants : La position des avirons est plus rapprochée de la verticale que pour les avirons ordinaires ; les rameurs n'ayant pas à porter leurs avirons en avant et en arrière, on peut les rapprocher beaucoup plus qu'on ne le fait d'habitude. Ces deux circonstances permettent de placer sans difficulté un très-grand nombre de rameurs. Hooke donne une disposition peu claire de ces rameurs, dont le trait saillant est l'existence de galeries placées à différentes hauteurs en dehors du navire, et dont le plancher est traversé par les avirons qui y prennent leur point d'appui.

La manière dont Hooke comprend le maniement des avirons fait naître de suite une objection grave. Obligé de maintenir son aviron dans un même plan transversal, le rameur devait trouver quelque difficulté à y réussir, au moment du temps d'arrêt qui a lieu lorsque change le sens du mouvement de l'aviron. A cet instant, l'aviron tend, par suite de la vitesse du navire, à être porté en arrière, et si on lui résiste, outre que pour les grandes vitesses du navire il faut déployer à ce moment une force considérable, on fait naître des résistances très-nuisibles à la marche. En admettant que par un de ces tours de main, fréquents dans la pratique des arts mécaniques, et que la théorie a souvent beaucoup de peine à expliquer, on fût parvenu à obtenir de l'aviron le mouvement voulu, il n'en resterait pas moins que l'action du rameur devrait être incessante, et, par suite, des plus fatigantes, impossible à soutenir pendant quelque temps.

Je ne crois donc pas que les avirons aient été employés comme le pensait Hooke, d'autant plus que les difficultés eussent beaucoup augmenté avec un peu de mer.

La godille n'a pas les inconvénients ci-dessus. Son mouvement est très-facile et très-naturel. Elle peut céder sans inconvénient à l'impulsion en arrière qui résulte du sillage du navire, lors des temps d'arrêt; on verra même plus loin qu'il en peut résulter un avantage pour la marche. Toutefois lorsque, comme dans son emploi ordinaire, isolée à l'arrière d'une embarcation, on est obligé de faire force également pendant les deux sens du mouvement de la godille, son emploi est encore très-fatigant. Il n'en est plus de même si l'on emploie deux godilles, une de chaque bord, en les faisant mouvoir à sens inverses l'une de l'autre; car alors, les effets latéraux se contrebalançant, pendant que les effets d'impulsion se combinent, on peut ne faire force que dans un sens, lorsque les godilles se rapprochent par exemple, et se borner, pour l'autre sens, à ramener sans trop d'effort les godilles à leurs points de départ. On obtient ainsi l'intermittence d'action qui paraît indispensable pour que les rameurs puissent soutenir une nage prolongée.

Je pense, d'après cela, que l'on peut avec avantage appliquer, à la marche d'un grand navire, de nombreuses godilles disposées en plusieurs files longitudinales, les rameurs se tenant sur des galeries saillantes, placées de chaque côté du navire à la hauteur convenable, et dans le plancher desquelles seraient percés des trous où les godilles trouveraient leurs points d'appui.

Cette disposition est représentée dans les figures 12 et 13 pour une Hexadécaère. La distance des hommes dans chaque rang n'est que de 2^{m} 50^{c}, parce que, comme il n'y a plus qu'un homme par aviron, et par suite seize hommes seulement dans chaque série, au lieu de vingt-deux qui forment la série de l'Hexadécaère ordinaire, il a fallu réduire la distance de 3^{m} 30^{c} qui existe entre les hommes du même rang sur ce dernier navire. On retrouvera ainsi le même nombre de rameurs sur une même longueur du navire. Chaque homme, placé debout, la face en dehors, agit sur son aviron, incliné à 30° environ de la verticale, et que je suppose d'abord écarté du navire, en en poussant la poignée vers le dehors, après avoir convenablement présenté la pelle, qui est ainsi ramenée vers le navire. Lorsque ce mouvement est terminé, le rameur tourne son aviron pour présenter la face supérieure de la pelle obliquement vers le dehors, et la ramène presque sans effort, en tirant à lui la poignée, au point convenable pour recommencer à agir. Il est à remarquer que si le rameur abandonnait son aviron, après avoir donné à la pelle l'inclinaison voulue, celle-ci s'écarterait d'elle-même du navire par l'impulsion de l'eau, qui la prend en dessous et obliquement à sa surface, alors que le navire marche. Ce mode de nage est donc on ne peut plus naturel, et de plus peu sujet à être contrarié par une mer même assez forte, surtout lorsque l'on marche debout au vent. Le rameur debout agit en poussant, parce qu'il a ainsi plus de force que lorsqu'il attire l'aviron à lui. C'est le contraire qui est vrai quand le rameur est assis.

Les hommes formant la même série, et dont chacun appartient à un rang différent, occupent un espace de 50^{c} chacun dans le sens de la longueur du navire. Ils forment une ligne oblique, chaque rameur étant plus en dehors de 20^{c} que son voisin de l'arrière; de cette manière, son aviron passe assez loin devant ce voisin pour ne pouvoir le gêner. Les onze premiers rameurs, en partant de l'arrière d'une série, ont devant eux un rameur de la série précédente, et la distance entre ces deux hommes est de 1 mètre. La largeur de la galerie destinée à porter les rameurs sera ainsi d'un peu plus de trois mètres. Comme des supports trop volumineux, placés en-dessous du plancher de la galerie, pourraient beaucoup gêner le mouvement de quelques avirons, et que par la même raison on ne peut employer d'arcs-boutants, cette galerie est suspendue à de fortes pièces transversales, situées au-dessus de la tête des rameurs, et de l'extrémité desquelles pendent des tirants qui supportent le bout des solives de la galerie. On obtient aussi de cette façon un pont supérieur très-large. La muraille du navire n'est pas bordée sur la hauteur de la galerie; elle s'y réduit aux membres, ce qui permet de ne pas exagérer la saillie extérieure, les premiers hommes de chaque série étant placés en partie en dedans du navire. Comme on le voit, cette disposition, assez simple, permet de faire agir un grand nombre de godilles. Elle n'a d'autre inconvénient que de charger les murailles du navire par le poids considérable des galeries et des rameurs. On pourrait craindre aussi l'effet des coups de mer venant frapper sous des galeries très-larges; mais il ne faut pas oublier que les galères anciennes ne tenaient contre le mauvais temps, que lorsqu'il leur était absolument impossible de s'en dispenser, et que le plus souvent elles s'en trouvaient fort mal, étant beaucoup trop légères et faibles de bois.

Il faut maintenant rechercher quels pouvaient être les avantages de ces navires.

Lorsqu'un bâtiment a une certaine vitesse, la pelle de l'aviron, que l'on y fait agir à la manière ordinaire, doit prendre elle-même une vitesse plus considérable, par rapport au navire, et en sens inverse, avant de pouvoir exercer quelque pression sur l'eau. Ce n'est, en effet, que par l'excès de sa vitesse relative qu'elle agit, et une partie assez considérable du travail dépensé par le rameur, ne profite pas directement à la propulsion. Quand la vitesse du navire devient un peu considérable, il faut nécessairement tenir encore plus considérable la vitesse relative de la pelle, ce qui finit par accélérer outre mesure le mouvement de la nage et met les hommes hors de service après quelques coups d'aviron. C'est ainsi que sur une embarcation à la voile, on ne peut retirer aucun service des avirons, dès qu'elle a dépassé la vitesse que ces avirons pourraient lui donner.

La godille, maniée comme je l'ai dit, se trouvera dans des conditions analogues, tant que sa pelle rencontrera les filets d'eau, en mouvement relatif vers l'arrière du navire, sous un angle égal à 45°. Il faut, dans ce cas, avant d'obtenir de la pelle une pression utile à la marche, lui donner une vitesse transversale plus grande que celle de la marche du navire. Mais si l'on diminue l'angle de la pelle avec les filets d'eau, en le réduisant à 30° par exemple, le mouvement de la pelle pourra être assez notablement moins rapide que celui du navire; en sorte que le rameur pourra continuer à agir utilement, avec une vitesse du navire pour laquelle l'action d'un aviron ordinaire serait impossible. Une chose à remarquer, c'est que la diminution de l'angle de la pelle avec les filets d'eau peut se produire pour ainsi dire tout naturellement, sans l'intervention du rameur. Si nous supposons, en effet, le plan de la pelle incliné de 45° sur le plan vertical passant par l'axe de l'aviron, comme cet aviron n'est pas vertical, mais oblique, la pelle fera en réalité un angle plus faible avec le filet d'eau dont la direction est horizontale, et cet angle sera d'autant plus petit que l'aviron s'éloignera davantage de la verticale, comme cela arrive naturellement avec l'augmentation de la vitesse du navire. L'emploi de la godille est donc très-avantageux pour obtenir de plus grandes vitesses, que Démétrius pouvait faciliter en se privant de quelques parties des châteaux supérieurs, et en diminuant la section du navire.

En ce qui concerne l'évolution, l'emploi de la godille est encore plus incontestablement avantageux. Prenons toujours l'Hexadécaère. La longueur occupée par ses rameurs est de 64 mètres environ, et c'est vers le milieu de cette longueur que l'on peut supposer le centre de gravité du navire. Ses avirons les plus longs ont leur pelle à 11^m du plan médian. Lorsque l'on voudra faire tourner le navire en nageant d'un bord et sciant de l'autre, la direction de la force fournie par les plus grands avirons ne passera donc qu'à 11^m du centre de gravité, et celle fournie par les autres, à une moindre distance. Il en résulte que pour tous les hommes placés à plus de 11^m en avant ou en arrière du centre de gravité, c'est-à-dire sur 42^m de la longueur du navire, il y aurait avantage à ce qu'ils pussent diriger la force fournie par leurs avirons transversalement au navire, et cet avantage devient considérable pour les rameurs placés aux extrémités, à 32^m du centre de gravité. Or, c'est ce qui s'obtient facilement de la godille, que son rameur peut faire agir dans tous les sens, en la tenant presque verticale; c'est ce qui s'obtient moins facilement et moins complètement de l'aviron ordinaire. Pour ce dernier, si l'on veut faire venir le navire sur tribord, par exemple, les hommes placés à babord devant et à tribord derrière pourront bien faciliter l'évolution, en se servant de leurs avirons comme de godilles pour pousser en travers la partie du navire qu'ils occupent, et il est bien probable que c'était là une manœuvre usitée, mais on n'obtiendra pas un effet aussi avantageux des rameurs de tribord devant et babord derrière, pour lesquels ce mode d'action est impossible.

Concluons donc que la godille est supérieure à l'aviron ordinaire, tant comme marche que comme évolution, et qu'il n'y aurait rien de trop extraordinaire à ce qu'elle eût été employée par Démétrius. Toutefois, la preuve est impossible, parce que, soit que ses navires fussent imparfaits sous d'autres rapports, soit routine des marins de l'époque, cet habile ingénieur ne paraît pas avoir été imité, et il ne reste sur ce point que des indications très-vagues.

Cette disposition de godilles en files nombreuses m'était connue depuis longtemps, par suite, je dois le dire, d'une fausse interprétation d'un passage du *Traité de l'hélice propulsive* de l'Amiral Paris, passage relatif à la solution de Hooke. J'y voyais un moyen simple d'expliquer les navires d'un nombre quelconque de rangs de rames, et ces études ont été entreprises pour rechercher des preuves à l'appui de cette solution. Un examen plus attentif du sujet m'a conduit à une opinion toute différente, et je pense maintenant que si la godille a été employée par les anciens, ce qui est au moins très-douteux, elle ne l'a été que par exception.

CHAPITRE VI

DES LIBURNES

Les Liburnes ont eu une disposition toute différente de celle des navires grecs à rangs de rames.

Ces navires commencèrent à être employés par les Romains, à la suite de leurs guerres contre Philippe V, roi de Macédoine. Ce prince avait trouvé des auxiliaires maritimes dans les Liburnes, peuple habitant les côtes du fond de l'Adriatique. La disposition avantageuse de leurs navires frappa les Romains qui s'empressèrent de les adopter, en les modifiant, pour les approprier à leur génie militaire. Les navires des Liburnes étaient très-bas de bords, fort légers, évoluant facilement, en un mot, d'excellents navires pour la piraterie. Mais ce ne fut pas par ces qualités qu'ils séduisirent les Romains, qui préféraient l'abordage à tout autre mode de combat, en raison de leur grande supériorité à l'arme blanche, et qui construisirent, en général, des navires un peu lourds, mais solides, résistant à un premier choc dont leurs soldats profitaient pour accrocher et envahir le navire ennemi. Les Liburnes, les plus grandes, au moins, avaient plusieurs rangs de rames, mais non pas superposés comme sur les galères grecques. Ces rangs étaient situés tous à-peu-près à la même hauteur, et les rameurs, placés sur le pont, pouvaient facilement abandonner leurs avirons, pour devenir combattants. Ce fut là principalement ce que les Romains recherchèrent dans ces navires, qu'ils élevèrent assez au-dessus de l'eau pour pouvoir monter facilement à l'abordage. Les rameurs des Romains étant appelés à combattre n'étaient pas esclaves. La peine des galères n'existait pas chez eux, et en plusieurs circonstances où le monde leur manqua pour armer leurs navires, ils affranchirent des esclaves pour les rendre capables de ce service. Chez les Grecs, au contraire, on employa fréquemment les prisonniers de guerre au service de la rame. On peut trouver là la principale cause des victoires navales que les Romains remportèrent à plusieurs reprises, malgré leur infériorité dans la manœuvre des navires.

La différence entre la disposition des rangs de rames sur les Liburnes et celle qui était usitée sur les anciens navires, ressort principalement de deux textes : l'un de Végèce, qui établit que les Liburnes étaient à plusieurs rangs de rames, et que le nombre de ces rangs pouvait aller jusqu'à quatre; le second de Lucain, qui établit la similitude de ces rangs; tandis que des textes nombreux prouvent que chez les Grecs, les rangs différaient beaucoup par la hauteur qu'ils occupaient et la longueur de leurs avirons. Le but de ce chapitre est de rechercher qu'elle pouvait être la nouvelle disposition que présentaient les Liburnes.

M. Jal, dans son *Archéologie navale*, établit par preuves incontestables que la disposition des galères modernes, avec un seul rang de grands avirons, maniés chacun par des rameurs au nombre de trois à six, est assez récente et ne remonte pas au-delà du XVIe siècle. Avant que l'on se servît de ces grands avirons, les galères étaient armées à deux et trois avirons par banc M. Jal appuie cette opinion de plusieurs dessins, relevés par lui à Venise et dans d'autres villes d'Italie, tant sur les tableaux de plusieurs peintres, parmi lesquels figure le Tintoret, que sur de vieilles estampes et des manuscrits ornés de miniatures. Ces dessins représentent invariablement la même disposition : des groupes de deux ou trois avirons sortant parallèlement de sabords percés dans une pavesade. Il cite de plus un passage fort remarquable de Pantero-Pantera, capitaine de galère vénitien. Après avoir établi, dans son *Armata navale*, qu'il était convenable, pour éviter l'encombrement, de réduire la chiourme des galères armées expressément pour aller à la recherche de l'ennemi, et que les combattants avaient ainsi plus de place, cet auteur ajoute : « Nous pouvons croire que c'est pour cette raison » que la république de Venise ne donne pas à ses galères plus » de quatre nageurs par rame, et cela, depuis que l'on a » adopté la grande rame nommée *de scaloccio;* nous devons » penser qu'auparavant, quand les galères s'armaient de trois, » quatre et cinq rames par banc, selon l'ancien usage, au lieu » d'une seule rame, comme on fait aujourd'hui, en lui don- » nant quatre rameurs, Venise n'envoyait pas à la mer ses » galères avec plus de trois hommes par banc, qui voguaient » autant de rames, chacun la sienne. » Suit l'énumération de quelques avantages que Pantero-Pantera trouve à l'ancienne méthode, mais qui, tout en confirmant ce que je viens de citer, n'apprend rien sur cette disposition que, du reste, l'auteur n'avait pas vue.

Ainsi, au XVe siècle et antérieurement, les galères étaient à rangs de rames, ces rangs à la même hauteur et agencés entre eux, et non pas superposés. Je ne m'appuierai pas, pour établir l'identité de la disposition de ces navires, dits *a zenzile*, avec celle de la Liburne romaine, sur le voisinage de Venise du pays anciennement habité par les Liburnes, parce que ces galères n'ont pas été particulières à Venise; mais je ferai remarquer qu'il y a eu, par l'Empire d'Orient, avec lequel les Républiques commerçantes d'Italie ont été en relations constantes, une tradition maritime non interrompue des Romains aux Vénitiens, et que de plus, les mots Trirèmes et Birèmes se retrouvent fréquemment dans les auteurs du moyen-âge, où on les a pris généralement, dans l'ignorance des faits que je viens de citer, pour une hyperbole destinée seulement à donner une idée grandiose de la dimension de certains navires. Je crois, au contraire, que ces mots répondaient à un fait existant à cette époque chez les principaux peuples maritimes, et que l'on doit voir, dans ces Birèmes et Trirèmes du moyen-âge, la continuation, non interrompue jusqu'à la Zenzile vénitienne, des Liburnes de l'Empire romain.

Je vais continuer à suivre M. Jal, auteur très-ingénieux, très-savant et très au fait de la marine de tous les temps, dans son *Essai de restitution* de cette sorte de navires.

Suivant lui, le banc recevant plusieurs rameurs, munis chacun de sa rame, devait être très-oblique par rapport à la longueur du navire, de manière à ce que l'aviron de chaque rameur passât assez loin devant le rameur voisin du côté de la muraille, pour ne pouvoir le gêner. Un aviron ayant son point d'appui sur la muraille à 38c environ plus vers l'arrière que l'axe du banc de son rameur, en admettant une différence de 32c environ, mesurée dans le sens de la longueur du navire, entre les positions occupées par deux rameurs voisins sur le même banc, l'aviron du rameur le plus en dedans passera à 70c devant le rameur en dehors de lui, et comme leurs mouvements sont simultanés, ils pourront agir sans se nuire.

M Jal n'a pas toutefois tiré de cette idée fort ingénieuse, et qui constitue le pas le plus difficile à faire dans l'explication de ce genre de navires, toutes les conséquences avantageuses dont elle était susceptible. Préoccupé de l'existence de l'*apostis*, pièce de bois longitudinale placée en dehors de la galère, et qui servait de point d'appui aux grands avirons à plusieurs rameurs, il a conservé cet apostis unique dans sa restitution de la Zenzile. Il n'a pu, dès-lors, faire passer entre deux bancs situés à la distance ordinaire de 1m 30c l'un de l'autre, que deux avirons. Le mouvement d'un troisième eût été impossible si l'on n'avait pas écarté les bancs davantage, et cette augmentation nécessaire de distance entre les bancs est telle, que la Zenzile à trois rangs de rames n'aurait pas plus d'avirons que la Zenzile à deux rangs : ce qui est évidemment inadmissible. Il a aussi, du reste, maintenu les rameurs un peu trop écartés sur le banc. Les cinq ou six rameurs maniant un grand aviron n'occupaient que 50ᶜ chacun en largeur, bien que placés côte à côte. Cet espace est d'autant plus suffisant pour les rameurs de la Zenzile, qu'ils ne se trouvent pas tout-à-fait à côté l'un de l'autre, et on pourra déjà ainsi obtenir plus de facilité pour placer un troisième aviron et diminuer un peu la distance entre les bancs de la Zenzile à trois rames par banc.

Un autre inconvénient tout aussi grave, qui résulte de cette situation sur le même apostis des points d'appui de tous les avirons, c'est que l'on est obligé de donner à tous ces avirons des longueurs très-différentes. Ceux qui sont maniés par le troisième rang de rameurs, le plus en dedans du navire, ont nécessairement, même en admettant seulement, comme je viens de le faire, 50ᶜ pour la largeur de la place de chaque rameur, un mètre de plus de longueur de manche que ceux du premier rang. Il doit y avoir, par suite, une plus grande différence encore entre les longueurs de la partie des avirons en dehors de l'apostis, sous peine de ne plus avoir les rapports convenables, pour un bon emploi, entre le manche de chaque aviron et sa partie extérieure. Ces avirons ont donc des inclinaisons très-diverses quand ils sont plongés dans l'eau pour agir, et de plus, les grands avirons sont trop longs et trop lourds ; les petits, au contraire, trop courts pour un bon usage. Si au lieu de conserver l'apostis unique, M. Jal eût placé le point d'appui de chaque aviron, d'autant plus en dedans qu'il est manié par un rameur plus rapproché du centre du navire, il eût pu, tout en conservant les avantages de la disposition des bancs obliques qu'il a imaginée, donner à tous les avirons d'un même banc à-peu-près la même longueur. Ces avirons fussent aussi restés parallèles dans toutes les phases de leur mouvement : ce qui eût été conforme aux dessins donnés par M Jal lui-même, et les conditions dans lesquelles devaient agir les différents rameurs eussent été uniformes.

Je vais essayer, d'après les conclusions de la discussion

précédente, de décrire les dispositions qui m'ont paru les plus convenables pour une Liburne à cinq rames par banc [1].

J'ai donné à la place occupée par chaque rameur une largeur de 50c. Les siéges séparés qui composent le banc sont placés l'un plus vers l'avant que l'autre de 32c, et c'est le plus extérieur qui est aussi le plus rapproché de l'avant du navire. Ces siéges ne sont pas tout-à-fait à la même hauteur; il y a de l'un à l'autre une différence de niveau de 16c, le plus extérieur étant le plus élevé. Ils sont arrondis derrière le rameur à leur extrémité interne, pour faciliter le jeu des avirons. Le banc le plus extérieur est situé immédiatement en dehors de la muraille. Des pièces de bois inclinées à l'horizon sont fixées par une de leurs extrémités au pont du navire, et s'appuyant par leur milieu sur la muraille, ressortent en dehors Ces pièces ne sont pas situées dans des plans perpendiculaires à la muraille, mais bien parallèles aux bancs, de sorte qu'elles obliquent leur partie extérieure vers l'avant du navire. C'est sur ces pièces, que je nommerai *bacalas*, par analogie avec les parties de la galère moderne remplissant le même office, qu'étaient établis les siéges des rameurs, et que reposaient les lisses ou apostis fournissant un point d'appui aux avirons. Par suite de l'inclinaison des bacalas sur l'horizon, ces lisses se trouvent à des hauteurs qui diffèrent de 17c de l'une à l'autre. Elles ont 15c de largeur

[1] Ce chapitre était écrit lorsque j'ai eu entre les mains un livre richement illustré, intitulé *la Marine*, publié en 1844, et dans lequel M. Pacini, officier de Marine, met à la portée des gens du monde les faits principaux relatifs à la science navale.

Traitant de l'origine du navire, M. Pacini donne une disposition des navires à rangs de rames qui, à quelques différences près dans les positions relatives des rameurs, est identique avec celle que j'ai imaginée pour les Liburnes. M. Pacini ne mentionne pas ces dernières et pense que les dispositions qu'il indique étaient celles des navires grecs. Aussi est-il obligé, pour arriver jusqu'à huit rangs seulement, de supposer une saillie beaucoup trop considérable de la charpente sur laquelle s'appuyaient les avirons. Il regarde comme fabuleux tous les ordres au-dessus de l'Octère.

et 7c d'épaisseur, ce qui est suffisant, parce que l'aviron s'y appuie très-près du bacalas. La face inférieure de l'une se trouve ainsi à 10c plus haut que la face supérieure de celle placée plus en dedans, ce qui permet un libre jeu à l'aviron qui s'appuie sur cette dernière. Les avirons ont tous 7 mètres de long; leur manche est un peu plus du cinquième de la longueur totale, 1m 50c. Par suite des hauteurs différentes des apostis, les rameurs doivent, pour plonger leurs avirons dans l'eau, élever d'autant plus la poignée qu'ils appartiennent à une file plus en dehors. L'apostis qui répond au rang le plus intérieur est à 50c en dedans de la muraille et plus bas que le plat bord, formé par l'apostis des avirons du second rang. Il fallait donc percer dans le haut de la muraille, en dessous de ce plat bord, des sabords suffisants pour permettre le libre jeu des avirons du premier rang. Le point d'appui d'un des avirons de ce rang est à toucher la place du quatrième rameur du banc plus en arrière, et l'aviron passe au-dessous des pieds de ce rameur, afin que celui-ci ne puisse gêner en rien le mouvement de sa partie extérieure. Il en est de même d'un cinquième rameur, ou rameur du rang extérieur par rapport à un aviron du second rang, toujours en comptant de l'intérieur.

Ces diverses dispositions sont représentées en projection transversale dans la figure 14, et en projection horizontale dans la figure 15. On voit, dans la figure 14, que le seuillet du sabord destiné au passage de l'aviron intérieur, pourra être à 1m 35c au moins au-dessus de l'eau, en sorte que la mer ne s'y introduira que si elle est déjà assez forte; l'eau tomberait sur le pont et ressortirait par des dallots percés au pied de la muraille, sans mouiller les rameurs dont les bancs et les marchepieds sont élevés au-dessus des bacalas. La figure 15, sur laquelle je n'ai dessiné que deux rameurs pour laisser plus visible l'arrangement des bancs, donne la projection horizontale de deux de ces bancs, et permet de bien voir la disposition des avirons, et le jeu qu'on peut leur donner. Pour bien faire reconnaître l'amplitude de ce jeu, j'ai indiqué en lignes ponctuées les positions extrêmes de l'aviron intérieur de chaque banc, en supposant que l'extrémité de cet aviron décrive un arc de 4^m de corde, ce qui est plus que suffisant pour un bon effet. La ligne XX, qui représente la position d'un de ces avirons au moment où on le sort de l'eau après qu'il a agi, passe, comme on voit, devant les genoux du rameur du second rang à une distance suffisante. La ligne Y'Y', qui représente la position de l'aviron correspondant de l'autre banc, à l'autre extrémité de sa course, reste également suffisamment loin derrière le dos des rameurs du premier banc. Les avirons sont donc bien libres dans leur jeu. On remarquera que, dans la position Y'Y', l'aviron se trouve à peu de distance de l'aplomb des points d'appui des autres avirons du même banc, en sorte que si ces points d'appui étaient à la même hauteur, ces avirons se toucheraient. Cette circonstance oblige nécessairement à placer les rangs à des hauteurs un peu différentes, même sur la Trirème et la Birème, bien que sur ces navires les avirons intérieurs ne soient pas gênés par les pieds des rameurs extérieurs.

Sur l'extrémité des bacalas, prolongés en dehors du dernier apostis, est fixée une pavesade ou mantelet en planches, destinée à protéger les rameurs, et en dedans de cette pavesade, une petite galerie de 60^c de large, destinée à recevoir les combattants pour donner ou repousser l'abordage. Le bord intérieur de cette galerie est au-dessus du dernier apostis, et la distance de la pavesade en dehors de la muraille est $1^m\ 95^c$ [1]. L'extrémité des bacalas est à $2^m\ 40^c$ au-dessus de l'eau, et le plancher de la galerie à $2^m\ 70^c$, c'est-à-dire plus haut que le pont d'une Pentère grecque, vis-à-vis de laquelle la Liburne quinquérème n'avait alors aucun désavantage.

Pour passer de la Liburne quinquérème à la Liburne qua-

[1] On pourrait établir sans inconvénient le plancher de la galerie au-dessous des avirons du rang extérieur, en le faisant venir jusqu'au-dessus de l'avant-dernier apostis. On diminuerait ainsi de 50^c la saillie de la pavesade, qui ne serait plus que de $1^m\ 50^c$, et diminuerait en proportion pour les Liburnes à quatre et à trois rangs, où cette saillie ne serait plus que de 1^m et de 50^c.

drirème, il faut supprimer le rang extérieur, et la saillie de la galerie ne sera plus que de 1m 45c. Enfin, pour la Liburne trirème, il faut encore supprimer un rang à l'extérieur, les autres dispositions restant les mêmes. La galerie rentrera encore de la largeur d'une place, et n'aura plus que 95c de saillie.

Bien qu'il soit certain, d'après Végèce, qu'il a existé des Liburnes à quatre rangs de rames, et que l'on ait quelques raisons de penser que le nombre de ces rangs ait pu aller jusqu'à cinq, cependant à l'ordinaire, on ne dépassait pas trois rangs. Cette grandeur était très-suffisante, car après Auguste, la Marine romaine n'eut plus à combattre que des pirates, dont les navires légers devaient être plus faibles que les Liburnes trirèmes ou même birèmes. Ce n'est guère que dans les efforts que font pour se dépasser mutuellement deux marines rivales, que l'on s'attache à produire des navires d'une force considérable, et à part les guerres de compétition entre plusieurs prétendants à l'empire du monde, guerres généralement fort courtes, cette circonstance ne s'est plus présentée sous les Empereurs. C'est après la bataille d'Actium que l'usage des Liburnes devint exclusif dans la Marine romaine. La flotte d'Octave était presque entièrement composée de ces navires, à l'usage desquels on attribua la victoire. Comme je l'ai dit précédemment, on s'en servait déjà depuis longtemps. concurremment avec les anciens types.

Les Liburnes, bons navires à l'aviron, bien que moins rapides, au dire de Zozime, que les Trières grecques, devaient aussi, à cause de la hauteur de leurs bords, être très-bonnes voilières. C'est, du reste, ce que confirme le témoignage des auteurs anciens. Elles étaient donc très-propres aux navigations lointaines, et pouvaient affronter la mer avec plus de succès que les anciens navires à rangs de rames superposés. C'est là un motif très-sérieux de penser qu'elles composaient, sinon la totalité, du moins une partie notable de la flotte de César sur les côtes dangereuses de l'Armorique et dans la Manche, et qu'elles furent dans la suite exclusivement employées dans les guerres contre les Germains.

Toutefois, et quelque probable que me paraisse cette opinion, je n'ose me permettre à cet égard une affirmation absolue. L'opinion contraire, en effet, vient d'être posée dans des conditions telles, qu'il paraît bien difficile de ne pas l'admettre. Sur l'ordre de l'Empereur, plusieurs des membres les plus éminents du corps du Génie maritime, assistés d'hommes d'une érudition incontestable, ont recherché la forme et la disposition des navires employés par César. Tous les documents que nos bibliothèques publiques, si riches en tous genres, ont pu fournir, ont été consultés, et le résultat de ces recherches a été la construction d'une Trirème, plus lourde, à la vérité, et par suite moins rapide que celle dont j'ai indiqué la disposition. Mais, comme je l'ai déjà dit plusieurs fois, les Romains s'attachaient plus à la solidité qu'à la légèreté. Le type auquel on s'est arrêté doit donc paraître des plus probables, et devait être, à quelques modifications près, celui des navires à rangs superposés de l'époque de César. Je me bornerai sur ce sujet aux remarques suivantes :

Il paraît certain, qu'alors même que l'on n'employait plus que des Liburnes, les dénominations de Birèmes, Trirèmes, sont restées en usage : ce qui est facile à comprendre avec la disposition que j'ai indiquée pour ces navires, mais ce qui a pu, aussi, induire plus d'une fois en erreur, alors que, suivant l'opinion commune, on croyait les Liburnes semblables, pour la disposition des avirons, aux galères du temps de Louis XIV, c'est-à-dire pourvues d'un seul rang de grands avirons, maniés chacun par plusieurs hommes. Rien ne confirme cette opinion, très-naturelle d'ailleurs, alors que l'on ne connaissait que la disposition des galères modernes. Je regarde comme certain, d'après les savantes et consciencieuses recherches de M. Jal, qui ont été indiquées au commencement de ce chapitre, que l'adoption des grands avirons est un fait moderne, et non une tradition de l'antiquité.

Il est donc très-possible que les expressions de Trirèmes, Birèmes, employées par César, désignent en réalité de véritables Liburnes. Je m'en réfère à cet égard au jugement de ceux-là mêmes qui ont concouru à l'édification de la Trirème de Paris. J'ai examiné leur œuvre avec le soin que comportait le désir d'approfondir une question sur laquelle j'avais déjà des notions très-précises. J'ai retiré de cet examen plusieurs renseignements utiles, et suis resté convaincu qu'il ne saurait exister en cette matière de meilleurs juges. Cependant le procès n'était pas complètement instruit alors qu'ils ont décidé, et je crois pouvoir penser, sans trop de présomption, que la lecture du présent chapitre les conduirait à des conclusions différentes.

Je ne puis quitter le sujet des Liburnes sans parler de deux monuments importants : la colonne Trajane, et les peintures navales d'Herculanum.

Les navires représentés sur la colonne Trajane paraissent appartenir au genre de ceux à rangs de rames superposés, et l'on pourrait en conclure que ces navires sont restés en usage longtemps encore après Auguste. Les textes sont contraires à cette conclusion, et il y a d'ailleurs bien des raisons de suspecter l'exactitude de l'artiste. Plusieurs auteurs modernes ont remarqué, avec juste raison, que les bas-reliefs de la colonne Trajane ont un caractère hiéroglyphique très-prononcé, et que si les hommes et les animaux y sont bien traités, il n'en est pas de même des autres objets qui y sont représentés, et que la plupart de ces objets, particulièrement les édifices et les navires, n'y figurent qu'à titre d'indications. Ne pouvant donner aux navires, à cause du peu d'espace dont il disposait, leurs dimensions réelles, l'artiste a voulu rappeler ces dimensions par un signe quelconque, et n'a rien pu trouver de mieux à cet égard que l'indication du nombre de rangs de rames. Cette indication, très-facile sur les navires à rangs superposés, l'était beaucoup moins sur les Liburnes, et les premiers ont dû par suite être préférés. Il n'est d'ailleurs nullement improbable que, ainsi que cela a lieu de nos jours, les types les plus anciens, en raison même de leur étrangeté, et de la facilité que l'on trouvait à modifier leurs formes pour les besoins de l'ornementation, ne fussent préférés dans la sculpture architecturale. Le simple examen des navires de la colonne Trajane suffit pour faire reconnaître qu'on n'y a nullement recherché l'exactitude. Les hommes qui les montent paraissent avoir été disposés pour le meilleur effet artistique, et les avirons, les gouvernails et autres objets d'armement, placés ensuite comme des accessoires de peu d'importance. Les avirons ne sont pas dans un ordre bien exact, et plusieurs de ceux des rangs supérieurs traversent la balustrade dans l'endroit même où se trouve un montant ; le plus grand nombre s'y appuie d'une manière peu probable. Je ne crois pas, d'après cela, que l'on doive accorder une grande valeur, au point de vue nautique, à ce monument si important sous d'autres rapports.

Les peintures d'Herculanum doivent, je crois, peser d'un plus grand poids dans la balance. La peinture adopte beaucoup moins que la sculpture ces types conventionnels, qui se perpétuent par tradition longtemps après que les originaux ont cessé d'exister. Elle se pique davantage de représenter la réalité, et est en général bien moins gênée sous le double rapport de l'espace et de la perspective. On trouve dans les peintures d'Herculanum un assez grand nombre de navires, tous du même type, type que j'ai eu en vue dans mon *Essai de restitution des Liburnes*. Je crois, en effet, que ces navires ne sont pas autre chose.

Ils sont en général assez hauts sur l'eau. Leurs avirons disposés sur plusieurs rangs, qui paraissent sortir du navire à très-peu de chose près à la même hauteur, plongent dans la mer sous une forte inclinaison qui, pour quelques-uns d'entre eux, paraît peu différente de 45°. Leurs rameurs sont masqués par une pavesade extérieure qui paraît assez éloignée de la muraille. Je n'ai pas suivi exactement ce modèle. Comme je l'avais fait pour les navires à rangs superposés, je me suis attaché à ne dépasser que de peu de chose l'inclinaison de 30° à l'horizon des avirons pendant qu'ils agissent. J'ai aussi admis une plus grande différence entre les hauteurs des apostis des divers rangs, que celle qui paraît exister sur les Liburnes d'Herculanum. Je l'ai fait afin que le rameur pût relever son aviron au moins jusqu'à l'horizontale, lorsqu'il y a de la mer et que le navire roule un peu, et aussi lorsque l'on veut mettre à la voile sans rentrer tout-à-fait les avirons. Je pense cependant que les Romains ne regardaient pas cela comme indispensable; car, sur ceux des navires d'Herculanum qui sont représentés les rames levées, ces rames ont encore une assez grande inclinaison. Il en résulte que les rangs pouvaient être plus de niveau que je ne les ai représentés, et ce qui confirme cette dernière opinion, c'est que dans tous ces navires la pavesade descend de manière à masquer complètement les points d'appui des avirons; il serait par suite impossible de les relever jusqu'à l'horizontale.

Quelques navires de Pompéi se rapportent au même type que ceux d'Herculanum, et l'on ne trouve pas dans ces peintures de navires à rangs de rames superposés à la manière grecque; ceci me paraît une probabilité de plus en faveur de l'opinion qu'après Auguste on ne fit plus que des Liburnes, et que ces Liburnes étaient généralement à plusieurs rangs de rames.

CHAPITRE VII

QUELQUES MOTS SUR LES NAVIRES A RAMES DU MOYEN-AGE. — MATURE. — ANCRES. — CONCLUSION.

Comme j'ai déjà eu occasion de le dire, il est très-probable que la disposition des Liburnes continua à être en usage pendant tout le moyen-âge, particulièrement dans l'Empire d'Orient, qui conserva tant de traditions antiques jusques vers le milieu du XVe siècle.

Il n'existe que peu de renseignements sur les navires à rames de cette époque. Je me bornerai à parler d'un type particulier, les *Dromons*, navires en général rapides, et dont quelques-uns étaient d'assez grandes dimensions.

L'empereur Léon, dans ses *Tactiques*, entre dans des détails assez circonstanciés sur la composition de l'équipage de ces navires, et il est indubitable, d'après ce document, qu'ils étaient à deux *étages* de rames. Sur les plus petits, il y avait cinquante rameurs sur le pont et cinquante rameurs dans le faux-pont, et il est dit expressément que les rameurs d'en bas, placés à couvert, étaient destinés à conserver au navire, à l'aide de rames courtes, une vitesse suffisante et la faculté de manœuvrer, pendant que les rameurs du pont, convenablement armés, étaient aux prises avec l'ennemi.

Pour ces Dromons de la petite espèce, il ne saurait y avoir de doutes sur la disposition des avirons, qui formaient de chaque bord deux rangs superposés de vingt-cinq avirons chacun.

Il y avait de grands Dromons, qui avaient, comme les premiers, cinquante rameurs à couvert, mais dont les rameurs du pont étaient au nombre de cent cinquante. Ces cent cinquante rameurs étaient-ils répartis par trois sur de grandes rames, formant de chaque bord un seul rang de vingt-cinq? C'est l'opinion de la plupart des auteurs. Ou bien la disposition de ces rameurs était-elle la même que sur les Liburnes romaines et les Zenziles vénitiennes, et y avait-il trois rames par banc?

Les *Tactiques* n'éclaircissent nullement ce fait. Leurs dispositions sont essentiellement disciplinaires et il n'y est fait mention que du nombre des rameurs, mais pas de celui des rames. L'existence certaine de navires à rangs de rames juxtaposés, avant et après l'époque à laquelle ont existé les Dromons, me paraît une présomption des plus fortes, que telle était aussi la disposition de ces navires; d'autant plus, que les grands avirons à plusieurs rameurs étaient regardés, dans les premiers temps de leur adoption, comme une invention toute récente.

Il est à remarquer, d'ailleurs, que le pont des Dromons pouvait n'être pas beaucoup plus élevé au-dessus de l'eau que celui des anciennes Liburnes. Il suffit qu'il soit à 1^{m} 30^{c} environ, pour pouvoir placer très-convenablement le rang inférieur. Il y a donc lieu de regarder les Dromons comme étant simplement des Liburnes, auxquelles on avait ajouté ce rang inférieur, en perçant la muraille du faux-pont, plutôt que d'admettre que l'on est arrivé à ce genre de navires en échafaudant un nouveau pont; et par suite il est très-probable que la disposition des Liburnes avait été conservée pour les rames supérieures.

Le rang inférieur ne devait être employé que pendant le combat. Lorsque le navire faisait route, à moins d'un très-beau temps et de circonstances pressantes, ses sabords de nage, peu élevés sur l'eau, devaient être soigneusement fermés, pour la sûreté du navire.

L'existence de ces navires, ayant deux étages de rames séparés par un pont, me paraît être une des circonstances qui ont le plus contribué à faire faire fausse route, à beaucoup de bons esprits, sur la question des navires à rangs de rames. L'idée qu'à chaque rang correspondait un pont particulier rendait la question insoluble et conduisait, dès les ordres inférieurs, à des dimensions absurdes. Je pense, quant à moi, que le rang de rames situé sous le pont ne doit pas être considéré comme la continuation d'un usage ancien; s'il en était ainsi, on en trouverait des traces dans les peintures d'Herculanum; mais seulement comme un perfectionnement temporaire, dont le but a été indiqué plus haut.

Je n'ai rien dit, jusqu'à présent, de la mâture ni des autres accessoires des galères anciennes. Cette question a été traitée par plusieurs auteurs, et notamment par M. Jal, dans son *Archéologie navale*, avec beaucoup de science. Les monuments, d'ailleurs, abondent, au moins en ce qui concerne la voilure des navires à rames. Les navires d'un ordre inférieur n'avaient qu'une seule voile carrée, placée un peu en avant du centre du navire, disposée comme nos basses voiles actuelles, et dont le mât pouvait s'abattre et se redresser à volonté.

Il paraît, du moins faut-il le conclure des lamentations de Pline sur la témérité des marins, que les navires de charge, devant aller seulement à la voile, avaient plusieurs mâts, probablement établis à poste fixe, et sur chaque mât plusieurs voiles superposées, à-peu-près comme les polacres actuels, qui, sur des mâts à pible, c'est-à-dire d'une seule pièce dans toute leur longueur, portent basses voiles, huniers et perroquets. Il en était probablement de même sur les grands navires à rames, sauf que sur ces navires les mâts, par suite de leur grande dimension, et aussi pour pouvoir soustraire à l'action du vent une partie du gréement, devaient être en plusieurs pièces. Il y avait sur la Tessaracontère quatre cents matelots spécialement destinés à la manœuvre des voiles : ce qui suppose une surface de voilure peu différente de celle d'un vaisseau actuel. Sur tous les navires à rames, les matelots formaient une classe différente de celles des soldats et des rameurs.

Il a dû y avoir dans l'antiquité, comme de nos jours, une très-grande variété dans la voilure des navires, et probablement beaucoup de noms de navires, dont la signification précise nous est inconnue, ne répondaient qu'à une différence, souvent peu importante, dans la disposition du gréement. Sous ce dernier rapport, il ne peut exister que des données très-vagues, et un vaste champ reste ouvert à l'imagination sans que rien puisse la diriger. C'est, d'ailleurs, en réalité, une question peu importante, car on est fixé par les monuments sur la voilure des navires de guerre de dimensions ordinaires, la seule qui ait un intérêt historique.

On paraît assez d'accord pour penser que les ancres n'étaient, à l'origine, que des poids très-lourds qui, lorsqu'on les laissait descendre au fond de la mer, retenaient les navires par leur seul frottement sur le fond. Je crois qu'il y aurait lieu de modifier un peu cette opinion.

Les pêcheurs de nos côtes emploient une ancre économique et primitive, nommée *crapaud* dans quelques localités, et dans d'autres simplement *pierre*. Elle consiste en une pierre plate et allongée, à laquelle on fixe par des liens, vers le milieu de sa longueur, et perpendiculairement à ses grandes faces, un ou plusieurs morceaux de bois dont les bouts taillés en biseau sont saillants des deux côtés. Lorsque l'on jette cet instrument au fond de l'eau, la pierre se pose naturellement à plat, et les morceaux de bois pénétrant dans le sol, ou s'accrochant à ses aspérités, remplissent assez bien l'office d'une patte d'ancre. C'est tout-à-fait une ancre sans verge. Je pense que si l'ancre ancienne a pu n'être primitivement qu'un poids, on ne tarda pas à lui donner une forme, et à la munir d'armatures du genre de celles que je viens de décrire. La verge vint plus tard, lorsque l'on forgea des ancres de métal d'une seule pièce, et constitua l'ancre telle que nous la connaissons. On pourrait faire dériver le grappin d'une pierre conique ou cylindrique, dont la base portait des armatures disposées en croix ou en étoile; mais cette dernière supposition est inutile, parce que le crochet à plusieurs branches, dont deux sont toujours naturellement placées de manière à pénétrer dans le sol, est un instrument très-facile à imaginer et qui a dû être connu très-anciennement.

Un mot, en terminant, sur la forme générale des navires anciens.

Quelques auteurs ont pensé, qu'à l'origine de la navigation, on s'était proposé pour type, dans la construction des navires, la forme des oiseaux aquatiques. Ils ont été conduits à cette opinion, par la comparaison très-naturelle, et éminemment poétique, qui a souvent été faite entre un navire, et le cygne nageant les ailes éployées.

Les formes de navire, qui nous ont été transmises par les monuments antiques, indiquent une toute autre origine, et bien que, soit dans un but d'utilité ou d'élégance, soit simplement par affaiblissement de la tradition, ces formes se soient très-sensiblement modifiées par la marche du temps, il est facile d'y reconnaître, comme plan primitif, la représentation du dauphin, dont la queue relevée en une courbe gracieuse se termine par l'*aplustre*, imitation brodée et embellie de la nageoire qui termine la queue des poissons.

L'opinion contraire s'est surtout appuyée sur l'existence à bord de presque tous les navires, du *chénisque*, ou tête d'oie sculptée. Mais cette tête paraît avoir été simplement un talisman destiné à conjurer les mauvais sorts, et la place qu'elle occupe très-fréquemment à l'arrière des navires, devait avertir quelle n'est qu'un accessoire étranger au plan général. Un autre trait bien autrement caractéristique se trouve dans les yeux figurés à l'avant de tous les navires anciens, et qui ont été transmis traditionnellement jusqu'aux caboteurs siciliens de nos jours. La place de ces yeux, la forme de l'avant, s'allongeant en pointe vers la flottaison, tout paraît destiné à rappeler l'idée d'un monstre marin. Il me paraît même probable que l'éperon n'a dû son origine qu'à une idée artistique, et que, si dans la pratique on a été conduit très-vite à l'utiliser pour le combat, il n'a pas été calculé à l'origine comme moyen de destruction. Il suffit, à cet égard, de se rapporter à ce fait, attesté par les historiens de l'expédition de Sicile, qu'encore sur les galères Athéniennes, l'éperon était mal disposé pour couler un navire, et que ce furent les Siciliens qui, à cette époque, lui donnèrent les premiers une forme plus rationnelle.

Un trait qui a pu aussi induire en erreur, c'est l'*acrostolion*, pièce ornementale qui surmontait l'étrave en s'élevant beaucoup au-dessus des bords du navire. On y a vu un cou d'oiseau, bien que ses formes les plus ordinaires eussent dû écarter cette idée. Il a dû être destiné originairement à représenter la crête dont l'imagination des Grecs dotait les monstres marins, le dauphin en particulier, et je pense que cette représentation devait être assez satisfaisante et de proportions convenables sur les premiers navires, où l'acrostolion n'avait que de faibles dimensions, ces navires, d'un seul rang de rames, étant peu élevés. Les dimensions de cette pièce ont dû être exagérées dans un but d'ornementation, lorsque les bords du navire ont été élevés pour placer plusieurs rangs de rames.

Les dispositions décrites dans ce travail sont, je crois, de nature à donner une idée assez précise de ce que pouvait être la Marine de guerre des anciens. Je ne me flatte point toutefois d'avoir atteint entièrement le but. Il est évidemment impossible, par un simple travail de tête, de rétablir exactement ce qui a été autrefois le résultat de plusieurs siècles d'expérience et de perfectionnements successifs. Il me suffirait d'avoir posé quelques jalons assez bien établis, pour conduire à des travaux plus complets que celui qu'il m'était permis d'entreprendre.

Mes idées devront, avant d'être complètement admises, subir l'épreuve de la comparaison avec les textes relatifs à la Marine. Ces textes sont nombreux, et si, comme j'en ai donné la raison en commençant, ils n'ont pu servir à rétablir le navire ancien, il est certain cependant qu'une solution à laquelle tous s'appliqueraient, sans que l'on fût obligé d'en forcer le sens, ne pourrait différer que bien peu de la véritable. Ce travail de vérification était en dehors des moyens dont je dispose, et je tiens d'ailleurs pour désirable qu'il soit fait par quelqu'un de moins prévenu que je le dois être naturellement pour mes propres idées. On ne devra pas perdre de vue qu'il y a eu des navires à rangs de rames de dispositions très-différentes, et qu'il faut faire avec soin la distinction de ce qui se rapporte à l'une ou à l'autre de ces dispositions.

Quel que soit le résultat de cette épreuve, un point me paraît bien établi : c'est qu'il n'est pas impossible, comme on le pensait, d'étager sur le même navire un grand nombre de rangs de rames. Si donc mes solutions ne paraissent pas suffisamment exactes, elles auront au moins servi à faire cesser le découragement qui existe sur cette question, et à remettre sur la voie des véritables.

Bordeaux. — Impr. et Lib. Maison Lafargue. Coulec, Degréteau et Poujol, succ.

Impr. de F. Degréteau et Cie.

NAVIRES À RAMES DES ANCIENS

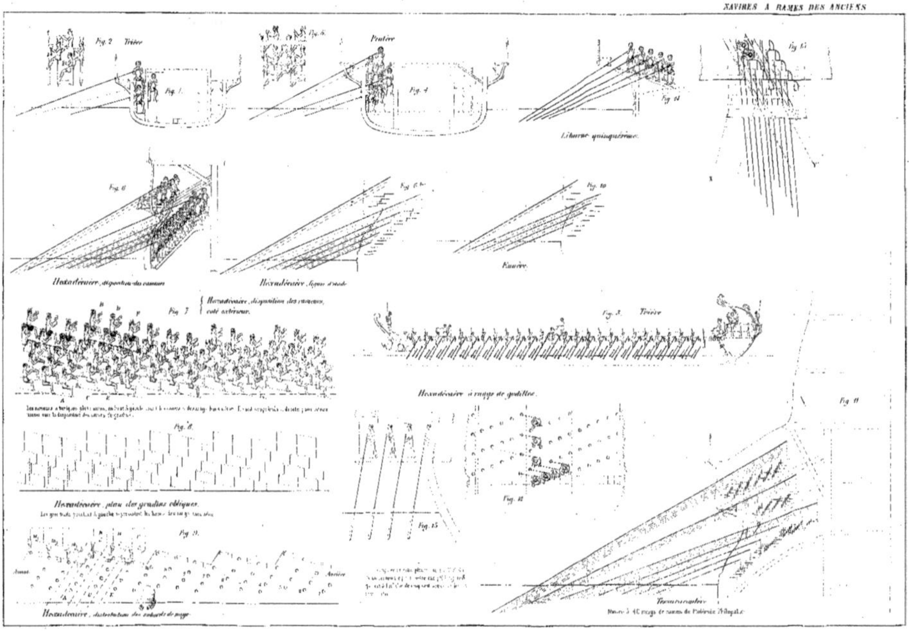

Fig. 2 Trière

Fig. 1.

Pentère

Fig. 4

Liburne quinquérème.

Fig. 14

Hexadécère, disposition des rameurs

Hexadécère, figure d'ensemble

Ennère.

Fig. 10

Hexadécère, disposition des rameurs, coté extérieur.

Fig. 7

Fig. 3. Trière

Hexadécère à rangs de gradins.

Fig. 8.

Hexadécère, plan des gradins obliques.

Fig. 12

Fig. 13

Fig. 9.

Avant

Arrière

Hexadécère, distribution des rameurs de rang.

Fig. 11

Tessaracontère

Navire à 40 rangs de rames de Ptolémée Philopator

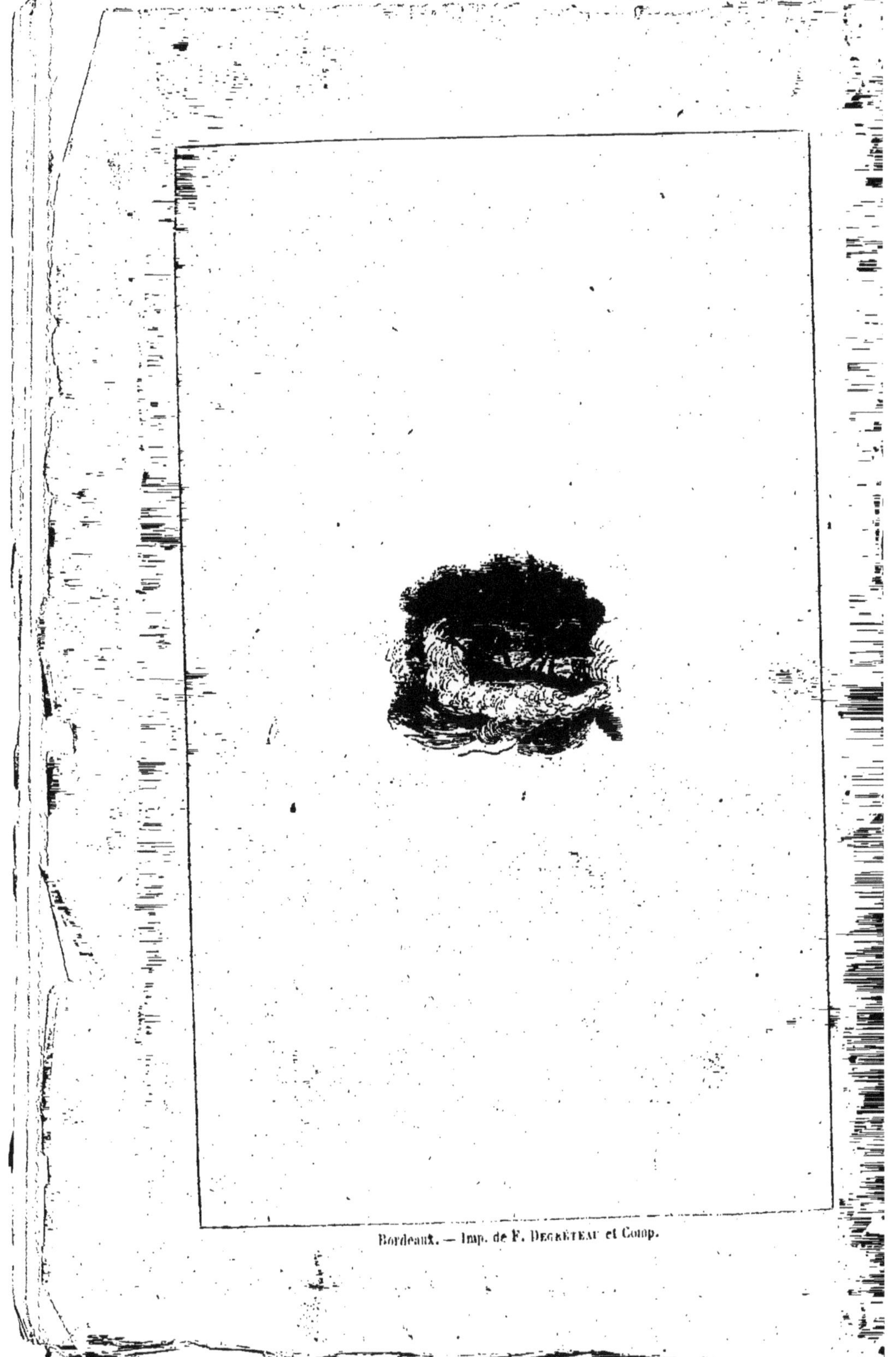

Bordeaux. — Imp. de F. Degréteau et Comp.

www.ingramcontent.com/pod-product-compliance
Ingram Content Group UK Ltd.
Pitfield, Milton Keynes, MK11 3LW, UK
UKHW021621260726
13965UKWH00007B/1410